万峰
谈中国寿险系列

后重疾时代

万峰 ◎ 著

中信出版集团 | 北京

图书在版编目（CIP）数据

后重疾时代 / 万峰著 . -- 北京：中信出版社，2022.4
ISBN 978-7-5217-4079-0

Ⅰ.①后… Ⅱ.①万… Ⅲ.①医疗保险－基本知识－中国 Ⅳ.① F842.684

中国版本图书馆 CIP 数据核字（2022）第 037411 号

后重疾时代
著者：　　万峰
出版发行：中信出版集团股份有限公司
　　　　　（北京市朝阳区惠新东街甲 4 号富盛大厦 2 座　邮编　100029）
承印者：北京诚信伟业印刷有限公司

开本：787mm×1092mm 1/16　　印张：20.5　　　　字数：191 千字
版次：2022 年 4 月第 1 版　　　印次：2022 年 4 月第 1 次印刷
书号：978-7-5217-4079-0
定价：79.00 元

版权所有·侵权必究
如有印刷、装订问题，本公司负责调换。
服务热线：400-600-8099
投稿邮箱：author@citicpub.com

前言

近几年,重疾险在我国得到了快速的发展,作为"保险业回归保障本源"的载体,不仅成为行业的主流产品,也成为保险公司业务发展的主要增长点,更受新冠肺炎疫情影响成为行业和老百姓关注的产品。重疾险从来没有遇到过这样好的发展机遇,一时间成了热门话题:有整理重疾险发展历史的,也有讨论该买什么样重疾险产品的;有发布重疾险产品研究报告的,也有发布重疾险市场调研的;有分析重疾险市场风险的,也有预测重疾险发展前景的。重疾险从来没有受到过这样的重视。但是,这些文章都重点研究某一个方面,缺少对重疾险的系统性研究,更缺少对重疾险经营管理的研究,因而也缺少对重疾险经营管理的指导。基于此,我结合自己多年的经营管理经验,力求对重疾险做一个全面梳理,以此整理成这本书。

这本书分为两个部分。

第一部分主要介绍我国重疾险当前的市场现状,包括产品概述、产品发展、市场现状、客户需求、政策解读及发展趋势研判、面临挑战6章。根据已经披露的报告、数据，从市场的角度做了系统梳理，使读者对我国重疾险当前的市场发展状况有一个基本认识，对客户需求有一个基本了解，对未来发展前景有一个基本预期，同时也对重疾险面临的挑战有一个心理准备。

第二部分主要介绍重疾险经营的基本策略，包括发展方向、经营策略、产品策略、销售渠道、客户服务、风险管控6章。从保险公司经营的角度，提出了我国重疾险未来发展的方向；阐述了重疾险经营所必需的经营目标、保费增长模式、业务市场选择等；详细论述了不同的产品策略；简单分析了个代、银邮、经代和网销四大渠道的特点、监管的导向、面临的挑战以及未来发展的趋势；阐述了保险公司对老客户与新客户的服务、售前服务与售后服务以及基本服务与附加值服务的关系；提出了在风险管控上，重疾险要重点守住产品设计风险的底线，坚持"核保从严、理赔从宽"的原则，加强反保险欺诈能力建设。

本书突出现实性，力求对重疾险市场现状进行全面的介绍；突出实用性，力求将保险公司经营管理原理、规律等通俗易懂地展示给读者；突出前瞻性，力求通过对国家相关政策、监管政策导向的解读以及市场需求的分析，对重疾险未来的发展趋势做出研判，使保险公司的经营管理者能够提早做好各个方面的准备。

本书主要是写给保险从业者，也可以作为大众的科普读物，还可以作为保险院校教材的补充读本或保险公司培训的参考资料。

本书在写作过程中，参考了大量出版物和网络发布的相关报告，由于部分资料无法联系作者，在此一并致以诚挚的谢意。

目录

第1章 重疾险概述 _ 1
重疾险的起源 // 5
产品的种类 // 7
基本特点 // 14

第2章 我国重疾险发展 _ 19
起步阶段（1994—2000年）// 22
规范阶段（2000—2013年）// 26
发展阶段（2014年至今）// 34

第3章 重疾险市场现状 _ 43
市场地位及结构 // 45
产品结构的现状 // 58
多个角度看重疾险客户 // 63
现有客户保障状况 // 70
不同维度看重疾险赔付 // 80

第4章 客户对重疾险的需求 _ 89

大多数人存在重疾保障缺口 // 91

大众对重疾险的关注点 // 95

客户对重疾险的需求 // 103

客户购买重疾险的偏好 // 106

第5章 政策解读及发展趋势研判 _ 113

"健康中国战略"的直接影响 // 115

监管政策的导向 // 121

巨大的市场发展潜力 // 125

发展趋势研判 // 130

重疾险销售领域将发生变化 // 139

市场将逐步成熟 // 142

前景总结 // 147

第6章 面临的挑战 _ 149

难以预测的重疾发生率 // 151

国家相关政策的影响 // 161

医学与医疗技术的进步 // 163

潜在的业务管理风险 // 167

第7章 重疾险未来的发展方向 _ 175

应在社会医疗保障体系建设中发挥重要作用 // 177

应与社会大众对产品的认识水平和风险承担能力相适应 // 178

应成为社会大众"买得起,有保障"的产品 // 179

应实现高质量发展 // 183

应符合防范风险的总体要求 // 188

第8章 重疾险的基本经营策略 _ 193

制定明确的财务与业务目标 // 195

确定保费增长模式 // 201

树立市场竞争意识 // 205

选择业务发展市场 // 207

明确核心业务 // 209

第9章 产品策略 _ 219

产品定位 // 221

领先策略 // 231

跟随策略 // 234

差异化策略 // 235

低费率策略 // 237

高费率策略 // 239

以附促主策略 // 240

产品创新策略 // 243

第10章 销售渠道_245

不同销售渠道对经营的影响不同 // 248

易掌控与不易掌控的销售渠道 // 256

现有四大销售渠道未来发展趋势 // 258

寿险公司销售渠道策略 // 287

第11章 客户服务_289

服务是寿险的核心业务 // 291

将服务老客户放在首位 // 292

以售前服务推动售后服务 // 295

基本服务与附加值服务的关系 // 296

以理赔服务创口碑 // 298

第12章 风险管控_301

守住产品设计风险的底线 // 303

坚持"核保从严,理赔从宽"的原则 // 307

提升反保险欺诈的能力 // 312

注重公司核保核赔专业化建设 // 313

第 1 章
重疾险概述

关键词：

疾病保险、起源、种类、功能、特点

重大疾病保险（简称重疾险）属于疾病保险范畴。中国银行保险监督管理委员会（简称银保监会）颁布的《健康保险管理办法》[①]第二条第三款规定："本办法所称疾病保险，是指发生保险合同约定的疾病时，为被保险人提供保障的保险。"该规定明确疾病保险：一是，保险事故是保险合同约定的疾病；二是，保险公司为被保险人提供保障责任。

疾病保险产品所承保的疾病，需符合以下几个条件。

1. 内在原因。疾病是被保险人自身内在原因引起的，而非明显的外在原因造成的。
2. 偶发性。疾病不是长期存在的原因引起的，而是偶然的

---

① 银保监会令 2019 年第 3 号。

原因引起的，保险合同订立之前存在的既往病症①不在保障范围之内。人的自然生理现象，如年老或衰弱等，则不属于疾病。

3. 非先天性。疾病是非先天的原因引起的，即先天性疾病不在保险保障范围。先天就存在的身体缺陷，如耳聋、目盲、内脏位置异常等，均非保险的保障范围。

重疾险，是指被保险人在保险有效期间内罹患保险合同条款所定义的重大疾病（下文统称重疾）时，由保险人按照合同约定条件给付保险金的健康险。归为重疾险产品的疾病，除了要满足疾病保险的基本条件外，还需要满足以下3个条件：一是危及生命，二是支付高额的医疗费用，三是影响患者的生活质量。

重疾险产品是在传统死亡保险产品的基础上创新发展的产物，它保留了传统死亡保险产品定额给付保险金的特点，同时改变了死亡保险产品将死亡作为唯一给付条件的方式，将给付条件"前置"到被保险人罹患数种对生命直接造成重大影响的重疾，使被保险人成为保单的受益人，并且在生存时即可获得保险保障。因此，这种能够提供"生存保障"的重疾险产品，被称作"现代寿险产品"，受到广大保险消费者的欢迎。

---

① 既往病症，是指在保单签发以前就已经存在、但未在保单中如实告知的疾病或伤残。

重疾险的起源

第一个具有现代意义的重疾险产品出现在南非保险市场，是由医生马利尤斯·伯纳德（Dr. Marius Barnard）与南非 Crusade 人寿保险公司合作，于1983年8月6日推出的。当时只是作为寿险的附加险销售，对冠状动脉搭桥术、恶性肿瘤、急性心肌梗死、脑卒中4种重大疾病提供保险保障。

伯纳德医生关于这一产品的创意来自他的职业经历。作为一名医生，他在行医的过程中遇到的很多病例深深触动了他。

病例一：病人是一位34岁的女士，这位女士有自己的事业，离过婚，还带着两个孩子。她患了肺癌，通过手术治疗，成功切除了肿瘤。两年后，病人再次来到伯纳德医生的医院，从她的眼神中，伯纳德医生感受到了死亡的气息，她呼吸急促，脸色苍白，眼神中充满了对死亡的恐惧。经了解，这位女士为了两个孩子未来的生活，手术后继续工作挣钱，而此时癌细胞已经向另一片肺叶转移。两个月后，她去世了。

病例二：病人是一位患心脏病的男士，他在7年内发病五六次，经历了心脏移植手术，术后存活了23年。在最初的几年，这位病人每次来医院复诊时，都没有什么抱怨。可是后来，每次来医院都会听见他念叨一件事，就是钱。他没有办法重新工作，后期康复的费用支出却一直很大，他因此失去了自己的房子、工作，甚至尊严。

这些病例使伯纳德医生陷入了沉思，病人经过治疗活了下来，可是他们和他们的家庭在财务上却"死"了，这是每一个病人都需要面对的难题。医生可以挽救他们的生命，但不能挽救一个家庭的"财务生命"。正是这些事情促使伯纳德医生与Crusade人寿保险公司合作开发了重疾险产品。

1986年后，重疾险陆续被引入英国、澳大利亚、美国、东南亚等国家和地区（见表1-1），并得到了迅速发展，成为销售最好、最受投保人欢迎的产品之一。20世纪90年代中期，大多数保险公司推出了自己的重疾险。经过多年发展，重疾险已经由最初只承保四五种当时的不治之症，扩大到现在承保100多种重疾。

表1-1 重疾险的发展

首次引入年份	国家和地区
1987	英国、澳大利亚
1988	美国
1989	新加坡、中国香港、马来西亚、泰国
1991	瑞士
1992	日本
1994	中国

重疾险属于定额给付保险。一方面，能够为被保险人因重疾、重疾状态或手术、住院所花费的高额医疗费用提供经济补偿。另一方面，能够为被保险人患病后的生活提供经济保障，尽可能避免因被保险人无法工作、失去收入而带来的家庭经济困境。

产品的种类

根据不同划分标准,重疾险产品形态也呈多样化。重疾险的基本分类如图1-1所示。

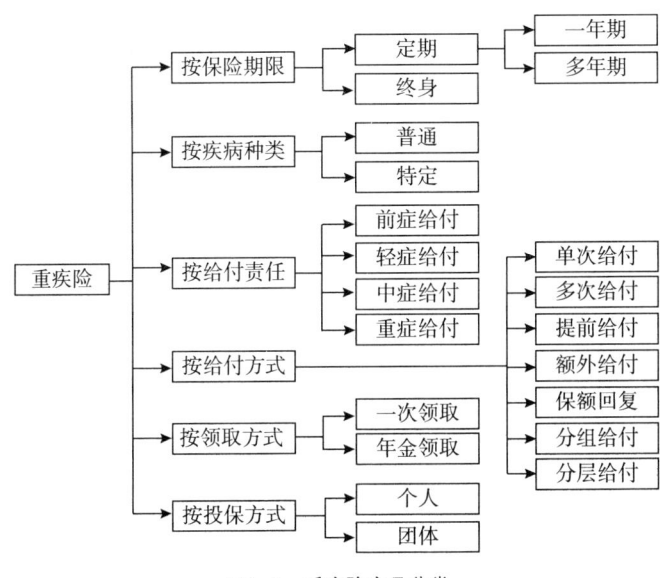

图1-1 重疾险产品分类

按保险期限分类

按保险期限,重疾险可分为定期重疾险和终身重疾险。

定期

有确定保险期限的,被称为定期重疾险。定期的时间有两种确定方式:一种是以绝对时间来确定,如10年、20年等;另一种是以约定到达年龄来确定,如到70岁、到80岁,即保险期限=约定年龄−投保时年龄。

终身

没有确定的保险期限，直至被保险人死亡为止的，被称为终身重疾险。

按疾病种类分类

按所保障疾病种类，重疾险可分为普通重疾险和特定重疾险。

普通

普通重疾险，是指为被保险人提供罹患保单约定重疾病种中的一种或多种保障的保险产品，如市场上流行的多达百种的普通重疾险产品。

特定

特定重疾险，是指为被保险人只提供罹患某一种或某一类重疾保障的保险产品，如保障心脑血管疾病、女性或男性专属疾病、少儿特定疾病、特定癌症的保险产品等。

按给付责任分类

按保险公司承担的给付责任，重疾险可分为前症给付、轻症给付、中症给付和重症给付产品。

前症给付

前症是指疾病程度比轻症还轻的疾病，但有很高的概率转化为轻、中、重症的病种或初次达到一定的疾病状态且在医院初次接受手术。

前症给付，是指经保险公司认可的医疗机构的专科医生初次明确诊断出现保单载明的前症疾病，保险公司按照保单规定的基本保额的一定比例（如10%）给付保险金。前症给付后，保单继续有效。

轻症给付

轻症是指重疾前期较轻的一些疾病或重疾中已经不属于较严重的一些疾病，如TNM[①]分期为I期或更轻分期的甲状腺癌。

轻症给付，是指被保险人在保险合同的观察期[②]后，经保险公司认可的医疗机构的专科医生初次明确诊断出现保单载明的轻症疾病，保险公司按照保单规定的基本保额的一定比例（如30%）给付保险金。轻症给付后，保单继续有效。

《重大疾病保险的疾病定义使用规范（2020年修订版）》[③]（以下简称"新规范"）明确3种轻症，分别为轻度恶性肿瘤、较轻急性心肌梗死和轻度脑中风后遗症。新规范2.2规定："保险公司设计重大疾病保险产品时，所包含的本规范中的每种轻度疾病累计保险金额分别不应高于所包含的本规范中的相应重度疾病累计保险金额的30%；如有多次赔付责任的，轻度疾病的单次保险金额还应不高于同一赔付次序的相应重度疾病单次保险金额的30%，无相同赔付次序的，以最近的赔付次序为参照。"保险公司在其产品中增加新规范以外的轻症，相应的保额由保险公司自行合理设定。

---

① TNM，是肿瘤学中对肿瘤的一种分期形式。
② 观察期，是指保单生效后，保险公司对被保险人身体健康状况进行观察的时期。
③ 中国保险行业协会、中国医师协会发布，2021年1月31日施行。

分组给付

保险公司将重疾分组别，如恶性肿瘤、心血管系统相关疾病、脑及脑神经系统相关疾病、重大器官及功能相关疾病和其他疾病。保险公司对每个单一组别内所有疾病（包括该组别中的轻症疾病和重疾）累计给付的疾病保险金（轻症疾病保险金和重疾保险金之和）以该组别对应的单一组别给付限额[①]为限。达到该组别对应的单一组别给付限额时，对该组别内的各项疾病责任终止，但对其他组别的责任继续有效。若间隔一定时间（如5年）又罹患其他组别的疾病（包括该组别中的轻症疾病和重疾），保险公司再次累计给付的疾病保险金（轻症疾病保险金和重疾保险金之和）以该组别对应的单一组别给付限额为限。保险公司累计给付的疾病保险金达到各组别对应的单一组别给付限额之和时，本合同终止。

分层给付

保险公司将一种重疾的严重程度分为多个层级，各个层级按不同的比例给付保险金。越严重的层级给付的保险金比例越高。例如癌症，按照Ⅰ期、Ⅱ期、Ⅲ期、Ⅳ期，分别给付20%、40%、60%、100%保额的保险金。

---

① 单一组别给付限额，是指在保险合同期间，保险公司按照疾病保险金给付规定，对某一组别内所有疾病（包括该组别中的轻症疾病和重疾）累计给付的疾病保险金（轻症疾病保险金和重疾保险金之和）的上限。

按领取方式分类

按保险金领取方式，重疾险可分为一次领取和年金领取产品。

一次领取

被保险人选择一次领取全部保险金的，被称为一次领取重疾险产品。目前市场上基本都是一次领取保险金的产品。

年金领取

被保险人选择按年或按月领取保险金，直至全部保险金领完为止的，被称为年金领取重疾险产品。如果领取期间被保险人死亡，余下的金额作为被保险人的遗产支付给法定继承人。

按投保方式分类

按投保方式，重疾险可分为个人重疾险和团体重疾险。

个人

个人重疾险，是指可以个人投保的重疾险产品。被保险人为一个人。

团体

团体重疾险，是指以法人团体名义投保的重疾险产品。被保险人是一个团体的全部或大部分成员。团体重疾险多数是一年期保险。

以上是重疾险的基本分类，如果上述各个分类之间相互组合，则会"生"出更多的重疾险产品。如轻症给付与多次给付组合，可以生成轻症多次给付产品。

基本特点

以"确诊"为给付条件

重疾险以被保险人初次确诊罹患保单上载明的重疾为保险金给付条件。一般分为3种情况：确诊即赔，约定的状态持续了一定时间可赔，必须实施某种特定的手术可赔。一般人身险则是以被保险人的死亡或伤残为给付条件。

如果从因果来看，重疾险是以因为给付条件，一般人身险则是以果为给付条件。

从给付依据上看，一般人身险，保险人是以被保险人的死亡或伤残证明为给付保险金的依据；重疾险是以保险公司认可的医疗机构的专科医生开具的疾病诊断为给付保险金的依据。

由专科医生明确诊断

对于重疾险疾病的诊断标准，银保监会颁布的《健康保险管理办法》第二十三条规定："保险公司在健康保险产品条款中约定的疾病诊断标准应当符合通行的医学诊断标准，并考虑到医疗技术条件发展的趋势。健康保险合同生效后，被保险人根据通行的医学诊断标准被确诊疾病的，保险公司不得以该诊断标准与保险合同约定不符为理由拒绝给付保险金。"

为了规范行业重疾诊断，中国保险行业协会与中国医学会联合发布的新规范，对重疾险必须包含的28种重疾、3种轻症疾病做出了规范性定义，并且明确被保险人发生符合疾病定义所述条件的疾病"应当由专科医生明确诊断"。专科医生应当同时满足以下4项资格条件：（1）具有有效的中华人民共和国《医师资格证书》；（2）具有有效的中华人民共和国《医师执业证书》，并按期到相关部门登记注册；（3）具有有效的中华人民共和国主治医师或主治医师以上职称的《医师职称证书》；（4）在国家《医院分级管理标准》二级或二级以上医院的相应科室从事临床工作3年以上。新规范也是我国仲裁、法院裁决重疾险合同纠纷案件的依据。

有观察期和生存期

观察期，是指保单生效后，保险公司对被保险人身体健康状况进行观察的一段期间。大多数重疾险的观察期为30～90天。如果在观察期内被保险人确诊罹患保险条款中所列的重疾，则保险公司可以不承担给付保险金责任。但在观察期内，由于意外事故而导致的重大残疾则在保险保障范围之内。设置观察期的目的，主要是防范逆选择和道德风险。

生存期，是指被保险人在确诊罹患重疾后，必须存活一定时间（如至少30天），保险公司才开始承担保险责任。如果被保险人在生存期内死亡，则保险公司不承担重疾保险金给付责任，但仍要承担身故保险金给付责任。一些附加重疾险，一般都有生存期的规定。

属于定额给付

重疾险是一种定额给付型保险，适用于人身险通行的定额给付原则，即当被保险人罹患保单约定的重疾或发生合同约定的情况时，保险公司不管被保险人实际支出的医疗费多少，都要按照保单约定的保额给付保险金。

受惠者为被保险人本人

重疾险的目的是为被保险人罹患重疾后提供经济保障，故重疾险的受惠者是被保险人。如果重疾险合同包含死亡保险责任，则受惠者是受益人。

拥有多种给付方式

重疾险是所有人身险中给付方式最多的保险。除了单次给付，还有多次给付、分组给付、分层给付；按保险责任又可以有前症、轻症、中症和重疾给付；在领取方式上，被保险人可以一次领取，也可以年金领取。不同给付方式组合又可以产生众多的给付方式，其中不仅镶嵌医疗费用保险的内容，也镶嵌伤残收入损失保险和护理保险的内容。

不可包含生存保险责任

《人身保险公司保险条款和保险费率管理办法（2015年修订）》第十三条第三款规定："医疗保险和疾病保险不得包含生存保险责任。"

保单质押贷款

当保单有现金价值时,投保人可以将保单质押向保险公司贷款,但一般贷款金额不能超过现金价值的90%。贷款利率按保险公司公布的利率。

第 2 章
我国重疾险发展

关键词：

起步阶段（1994—2000年）、规范阶段（2000—2013年）、发展阶段（2014年至今）

2020年，中国保险行业协会和中再寿险联合发布了《重大疾病产品发展研究报告——回归保障初心再出发》，其中将重疾险在我国的发展划分为3个阶段：起步阶段（1995—2006年）、规范阶段（2007—2012年）、快速发展阶段（2013年至今）。这3个阶段有3个对重疾险发展有重大影响的事件。第一个是在2007年，中国保险监督管理委员会①颁布了由中国保险行业协会制定的《重大疾病保险的疾病定义使用规范》，基本规范了在此之前重疾险的疾病定义。第二个是在2013年10月，原保监会发布《中国人身保险业重大疾病经验发生率表（2006—2010）》（保监发〔2013〕81号），我国寿险行业终于有了自己的经验生命表，制定的产品费率更能反映被保险人的实际情况。第三个是原保监会实施普通型人身险费率政策改革，放开了自1999年规定的寿

---

① 2018年，与中国银行业监督管理委员会合并为中国银行保险监督管理委员会，下文简称为原保监会。

险长期性产品定价利率不能超过2.5%的规定，重疾险产品价格降幅较大，自此开始了快速发展时期。

王明彦在《重大疾病保险形态演进的回顾和预判》一文中也将重疾险发展划分为3个阶段：萌芽阶段（1994—2000年）、规范与发展阶段（2000—2012年）、费率市场化改革后的爆发阶段（2013年至今）。

两篇文章都认为第二阶段是规范阶段，但分歧是起始时间，前者认为是2007—2012年，后者认为是2000—2012年。

笔者倾向于后者的划分。因为在原保监会成立之前，几乎没有对重疾险的监管。1998年年底原保监会成立后，自2000年开始出台产品监管政策。2007年出台的《重大疾病保险的疾病定义使用规范》虽然是重要的规范，但纵观2000—2013年，监管部门还陆续出台了产品、精算等方面对重疾险也有重大影响的政策，这才基本形成重疾险发展所需要的各个方面的政策环境。另外，2013年原保监会发布的《中国人身保险业重大疾病经验发生率表（2006—2010）》，以及2013年下半年实行的费率市场化改革，这些重要政策基本上是从2014年开始才对重疾险产生影响。故本书对我国重疾险发展历程划分如下：起步阶段（1994—1999年）、规范阶段（2000—2013年）、发展阶段（2014年至今）。

起步阶段（1994—2000年）

1982年，我国开始发展人身险业务。当时面临没有专业机构、没有专业人员、没有专业产品的境况。中国人民保险公司上海分公司开发的简易人身险、集体企业养老金保险和团体保险就成为全国各个保险机构可选产品。随着保险机构的设立、人员的陆续到位，这些简单的人身险产品通过简单的经营模式也逐渐推广起来。

20世纪90年代初，邓小平南方谈话发表，进一步促进了我国改革开放的发展。企业改制、物价改革、建立股票市场等，不仅促进了人们收入的增长，也开启了我国特色的市场经济模式，但同时也带来了通货膨胀以及央行为抑制通货膨胀而不断提高的利率水平。

保险行业，先后成立了新疆兵团保险公司、平安保险公司、太平洋保险公司，打破了中国人民保险公司独家经营的局面。1992年又批准友邦在上海设立寿险公司，打开了我国保险业对外开放的大门。

在这样的大环境下，原来简单的人身险产品和经营模式已经不能满足市场发展的需要，开始出现传统的人身险产品，如两全保险、子女教育金保险、独生子女保险、养老金保险等。那时产品设计的预定利率直接与银行5年期存款利率挂钩。为了解决不断攀升的银行利率对寿险产品的影响，保险公司采取保单"利差返还"模式，极大地满足了客户"保本升值"的需求，再加上引入了营销模式，人身险产品获得了快速的发展，保费收入从1992年的142.2亿元，增长到1999年的768.3亿元，并在1997年首次超过财险。详见图2-1。

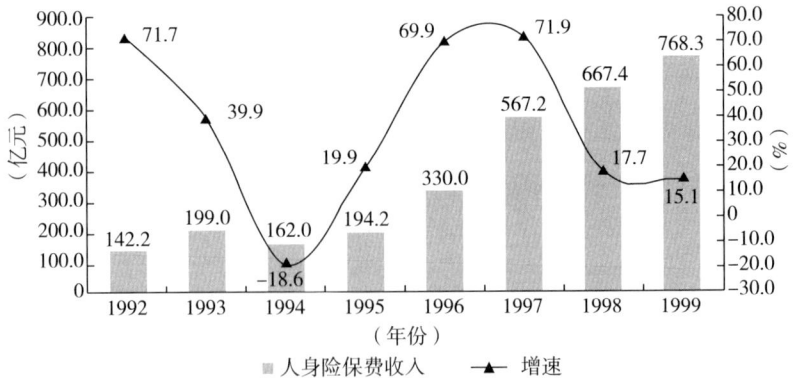

图2-1　1992—1999年人身险保费规模及增长

1994年，平安人寿向市场推出平安重疾险附加险产品，它被认为是国内最早的重疾险产品。保险期至被保险人70岁，承担身故和重疾均给付责任。保障范围有癌症、心肌梗死、脑卒中、冠状动脉搭桥术、尿毒症、瘫痪、重要器官移植7种重疾。

1997年5月，中国人寿深圳分公司向市场推出重疾定期保险主险；12月又推出重疾终身保险，承保心脏病（心肌梗死）、冠状动脉旁路手术、脑卒中、慢性肾衰竭（尿毒症）、癌症、瘫痪、重大器官移植手术、严重烧伤、急性重型肝炎、主动脉手术10种疾病。提供"按基本保额的2倍给付重疾保险金""按基本保额的3倍给付身故保险金""按基本保额的3倍给付高度残疾保险金""免交以后各期保费"4类保险责任。1998年又迎合市场上"利差返还"的需求，将上述两款产品改造成重疾终身保险（98版利差返还型）和重疾定期保险（98版利差返还型），即"在本合同有效期内的每一保单年度末，若该保单年度的'银行两年定期储蓄存款利率'大于计算保费的预定利率（5%），本公司以两者之差乘以期中保单现金价值，计算保单利差"。这是最早的重疾分红型产品。

1999年，中国人寿总公司推出康宁终身保险（99版）。借助中国人寿庞大的销售网络，该产品成为当时国内市场销量最大的重疾险产品。

因为当时是重疾险发展初期，保单销量相对不大，再加上经验不足，专业人员缺乏，没有统一的重疾险疾病定义，因此市场上保单对重疾的定义有相同的，也有不相同的。保障的疾病种类不多，保障的责任主要分为两类：一类是以疾病"确诊"为给付条件，另一类是以疾病必须"手术"为给付条件。

之后，友邦保险推出友邦守御神重疾险，提供27种重疾保障，这是当时可保病种最多的重疾险产品。另外，该产品规定"若被保险人于年满88周岁后的首个保险单周年日仍然生存，公司将给付满期金予投保人"，这是重疾险最早具有满期给付责任的产品。

当时重疾险刚刚起步，需要分保市场，但外资再保险公司基于国际重疾险市场的经营状况，对承接中国内地直保公司的重疾险有顾虑，一时很难找到分保公司，最后中国再保险大胆承接了直保公司重疾险的分保业务。

这一阶段的重疾险产品呈现以下几个特点。

- 承保病种不多。承保的病种从最初的7种扩大到27种，都是比较重要的疾病和手术，也相对简单。
- 产品责任简单。重疾险产品承担疾病和手术定额给付，都是简单的一次给付，给付保险责任后保单终止。
- 具有寿险产品特色。当时重疾险产品一般都包含死亡、满期给付、豁免保费责任，与当时的主流产品两全保险、储蓄保险产品接近，具有寿险产品特色，能够满足客户"有病赔付，无病储蓄"的综合保障需求。
- 靠"利差返还"销售。当时的寿险主流产品几乎都有"利差返还"，重疾险也附有"利差返还"条款。在客户对重疾险还没有深刻认识的情况下，"利差返还"成为产品的卖点。
- 没有统一规范的疾病定义。重疾险保障的病种由各家公司自己确定，疾病的定义也由各家公司自己确定，没有行业统一的标准。

规范阶段（2000—2013年）

行业发展

2000—2013年是我国人身险大发展的时期，保费收入由2 274亿元增长到11 009亿元，年复合增长率达到11.9%，人身保险保费收入首次突破万亿元。这一时期行业发展呈以下四个特点。

一是，市场经营主体增多。2000年，我国经营人身险业务的公司有13家，到2013年已经增加到71家，13年里增加了58

家，增加了约4.5倍。

二是，理财型产品成为主流。平安保险率先引入投连险产品（1999年10月），太平洋保险引入万能险产品（2000年8月），中国人寿推出分红险产品，同时也推出重疾险（2000年）。到这一时期的后期，分红险成为主流产品。

三是，银行、邮储渠道（简称银邮渠道）爆发式增长。2000年我国保险业银邮渠道形成。2008年，银邮渠道保费规模达到3 590亿元，占比达53.92%，首次超过个人代理渠道（简称个代渠道），成为国内人身险的第一大渠道。

四是，趸交助力规模保费。2002年中国人寿要上市，提出"要做大上市砝码"，推出趸交短期鸿泰两全保险产品，立即成为市场的主流交费方式。2004年，行业趸交保费已经占到新单保费的80%，尽管之后开始下降，但到2013年仍然是保费收入的主要方式，占比达67%。

重疾险规范

1998年原保监会成立，掀开保险业监管的新篇章。

原保监会成立之后，将规范行业经营行为作为重点工作，陆续出台一些规章制度，逐步规范重疾险产品和销售行为，使重疾险保费增长在这一时期出现几个波动。

限制满期给付

2000年3月20日，原保监会颁布《人身保险产品定名暂行办法》（保监发〔2000〕42号，2011年12月30日已失效），其中

第六条规定："按保险责任，健康保险分为疾病保险、医疗保险、收入保障保险。疾病保险指以疾病为给付保险金条件的保险。"首次明确重疾险产品是以疾病为给付保险金条件的保险产品，因而不能包含满期生存保险责任。自此，重疾险产品不再有满期给付的保险责任。受此政策影响，以重疾险为主的健康险保费增速由2000年的79%骤降至2001年的-6%。[①]

不可以分红

2003年5月6日，原保监会下发《关于印发人身保险新型产品精算规定的通知》（保监发〔2003〕67号），其中明确规定："分红保险可以采取终身寿险、两全保险或年金保险的形式。保险公司不得将其他产品形式设计为分红保险。"这条规定将健康保险排除在分红保险范畴外，使当时以分红为卖点的重疾险产品直接受到影响。在一波"炒停售"的刺激下，当年（2003年）保费增速高达98%，但第二年（2004年）骤降至7%。[②]

限制重疾险分红在当时引发讨论，一部分人认为重疾险产品也应该允许分红。一是，重疾险是以特定疾病"确诊"为给付条件，而这些"确诊"的疾病基本都是"不治之症"，属于死亡保险的"提前给付"，是死亡保险的进步，本质上是"现代死亡保险"。二是，属于定额给付型产品，与健康险中的医疗保险费用补偿型产品完全不同，而与普通寿险产品相同。因此重疾险虽然被归在健康险范畴，但应该区别对待。三是，重疾险风险事件

---

① 李芳、钟潇、王子咸. 重疾险发展回顾及升级趋势预判. 2021.
② 同上。

低频率发生，但保费长期沉淀积累，保险公司能够有较长的时间运用保险资金。四是，既然保险公司是靠客户保费形成投资资金，而其他产品（如长期寿险产品）将投资收益以分红的方式与客户分享，那么重疾险也应该将保费积累获得的投资收益与客户共享。

限制死亡给付上限

2006年8月7日，原保监会发布《健康保险管理办法》，其中第十四条规定："长期健康保险中的疾病保险产品，可以包含死亡保险责任，但死亡给付金额不得高于疾病最高给付金额。"

《健康保险管理办法》是我国商业健康保险的第一个专业性管理办法，确定了国内健康保险市场此后的走向，也明确了健康保险产品设计、销售、服务和理赔等方面的规范。其监管导向是要将重疾险与寿险区分，虽然允许有寿险责任，但要突出重疾险特色。

受到《健康保险管理办法》的影响，市场上中国人寿康宁终身保险这种身故保额超过重疾保额的产品就需要调整，康宁终身保险更名为康宁重疾险，身故保额和重疾保额设置为相同比例。

规范疾病定义

随着重疾险业务的发展，重疾险病种开始增加。但各个公司自定义疾病开始暴露问题，甚至开始出现理赔纠纷，统一规范疾病定义成为行业的一件大事。2005年年底，原保监会要求中国保险行业协会将制定行业统一重疾定义列为2006年行业协会的重点工作。

2006年1月20日，深圳市6位"守护神重疾险组合方案"的投保人起诉友邦保险深圳公司，认为重疾险产品定义违反一般医学标准，重疾定义和实际医疗操作偏差较大，符合条款疾病定义的发生率极低，甚至不会发生，导致客户无法获得合理的理赔，因此要求全额退还保费，并给予精神赔偿以及向公众道歉。这件事的核心就是重疾的定义。因此，规范疾病定义成为市场、行业和保险公司共同关注的事件，更引起监管部门的重视。在原保监会的指导下，2006年4月，中国保险行业协会成立了重疾定义制定办公室，随后与中国医师协会展开跨行业的合作，启动规范重疾定义的工作。

2007年4月3日，中国保险行业协会与中国医师协会联合发布《重大疾病保险的疾病定义使用规范》，并确定自2007年8月1日开始实行。

《重大疾病保险的疾病定义使用规范》对25种重疾的定义进行了统一规范。行业协会要求保险公司开发的成人重疾险必须包括6种发生概率高、影响大的核心病种；若成人重疾险产品提供25种重疾保障，则疾病必须采用行业协会的定义，如果不符合这个规范，"重疾险"必须更名为"疾病险"。

《重大疾病保险的疾病定义使用规范》的发布，使我国重疾险逐步进入规范有序的发展时期，成为我国重疾险专业化、标准化的里程碑。这不仅奠定了重疾险发展的基础，而且使重疾险取得一定的发展创新，为此后重疾险的快速发展奠定了坚实的基础。

发布经验发生率表

2013年，原保监会发布《中国人身保险业重大疾病经验发生率表（2006—2010）》，其中包括6种病种经验发生率表2张，25种病种经验发生率表2张。该表的发布，使中国寿险行业终于有了自己的疾病经验发生率表，改变了过去定价、准备金计算等依赖国外经验数据的现状。重疾险产品定价开始真正反映中国被保险人的特征，为重疾险各方面的发展奠定了基础。

产品发展

这段时间受监管规范的影响，重疾险主险产品基本上都进行了更新，不仅使用行业统一规范的25种病种定义，而且保险责任中不再包含满期给付，不再有分红条款，身故保额也降低至与重疾保额相同。

重疾险主险基本上是以含身故责任的终身重疾险为主，各个公司产品的差异主要在承保病种的多少上。但是，这段时间，保险公司在重疾险保证责任、给付方式上不断推陈出新，并以附加险产品首先推向市场，大多都附加在两全保险、分红保险产品上，也获得较好的发展。

细分群体

2000年，原金盛人寿推出附加女性疾病保险，与一款分红型两全保险组合成"盛世佳人保险计划"；同年还推出附加少儿重疾险，与一款20年期的分红型两全保险组合成"盛世骄子彩虹保险计划"，提供15种重疾保障和以1型糖尿病、川崎病等为代表的5种少儿特定疾病保障，少儿特定疾病的保额为50%，独立于重疾保额。

轻症责任

2000年，原金盛人寿推出的附加女性疾病保险，除了给付重疾保险金，还提供两个轻症责任：原位癌和系统性红斑狼疮。这两个轻症可各自给付一次，给付保额的20%。这是国内市场最早提供轻症责任、最早提供轻症多次给付责任的重疾险产品。[①]

前症给付

2007年，中国人寿推出"肿瘤预防疾病保险"，除了给付恶性肿瘤保险金，还给付良性肿瘤保额的10%。良性肿瘤包括肝血管瘤、肝细胞腺瘤、胆囊息肉、肾腺瘤4种。该产品推出后引发争议。

赞同者认为：以当时的医疗水平，在手术前很难判断是恶性还是良性肿瘤，只能手术后做标本检验才能确定。但被保险人毕竟是做了手术。如果是恶性，保险公司就要给付重疾保险金；如果是良性，就不符合重疾给付条件。因此，以前症的名义给付保险金也算对客户的一种补偿和安慰。

反对者认为：良性肿瘤给付不符合重疾险的条件。一是良性肿瘤一般不危及生命，不符合"危及生命"的条件；二是虽然治疗良性肿瘤也会发生一次性支付较高手术费用的情况，但一般没有恶性肿瘤的后续放化疗等费用，不符合"高额医疗费用"的条

---

① 王明彦.重大疾病保险形态演进的回顾和预判.2021.

件；三是良性肿瘤手术后基本不会影响患者的生活质量，不符合"影响生活质量"的条件。

多次给付型产品

2006年，光大永明人寿推出附加提前给付重疾险，与一款保险期至70岁的两全保险组合成"康顺无忧重疾保障计划"，其中重疾险附加险提供了癌症二次给付保险金，首次确诊3年后再次确诊即给付保额的20%，这是国内市场第一款提供单病种（癌症）多次给付的重疾险产品。[①]

多次分组产品

2008年，合众人寿推出"附加至尊安康重大疾病保险"，是"至尊安康终身寿险（分红型）"的附加险。将所承保的重疾分成3组：癌症和器官损伤组、神经系统疾病组、心血管疾病组。每组可给付一次。这是国内市场首款分组多次给付的重疾险产品。

保额递增

2007年，新华人寿推出"健康福星增额重大疾病保险"，该产品明确重疾险保额每年递增3%，身故保额每年递增1%。这是国内市场首款保额固定递增型重疾险产品。

综上，在这一发展阶段，重疾险逐渐受到监管规范，完成"去寿险化"，形成重疾险的特点。监管规范也促进了重疾险产品的推陈出新。保险公司采用附加险方式谨慎地推出多种给付方式和给付责任的产品，附加在两全保险和分红保险产品上"蹭流

---

① 王明彦.重大疾病保险形态演进的回顾和预判.2021.

量"。虽然当时的保单销量和保费收入占比不是很大，但这些附加险的内容在下一个发展阶段基本都成为主险的内容。

发展阶段（2014年至今）

行业发展

费率市场化改革

2013年8月，原保监会启动人身险费率政策改革，确定了"普通型、万能型、分红型"人身险分3步走的改革路线图。2013年8月5日起，普通型人身险产品的预定利率不再执行2.5%的上限限制，放宽至3.5%，普通型养老年金险可以至4.025%。费率市场化改革的直接影响是保险产品价格普遍降低，重疾险普遍降价20%~30%。

中短存续期产品成主流

费率市场化改革的结果是催生出中短存续期产品[①]。2014—2017年基本上是中短存续期产品大发展时期。数据显示，代表短期理财险业务的保户投资款新增交费规模自2013年的3 200亿元一路飙涨至2016年年末的1.18万亿元。

保险要回归本源

中短存续期产品快速发展以及保险资金在资本市场上的行为，

---

① 中短存续期产品，是指前4个保单年度中任一保单年度末保单现金价值（账户价值）与累积生存金之和超过累积所交保费，且预期该产品60%以上的保单存续时间不满5年的人身险产品。

在社会引发不同的反响，引起了政府的重视，监管部门明确提出"保险要姓保""保险业回归保障本源"的要求。2017年5月23日，原保监会下发《中国保监会关于规范人身保险公司产品开发设计行为的通知》（保监人身险〔2017〕134号），一方面限制快速返还与附加万能账户产品的发展，另一方面引导寿险业积极发展保障型产品。

2019年，银保监会发布《关于完善人身保险业责任准备金评估利率形成机制及调整责任准备金评估利率有关事项的通知》，大量预定利率4.025%的年金险陆续停售。

健康险快速发展

在资产驱动负债、中短存续期产品受到抑制后，健康险产品开始受到关注，在整个业务中的占比由2012年的8%上升至2020年的22.28%，并逐步成为市场主流产品。同时，重疾险逐渐成为寿险公司的主流产品。重疾险发展达到一个新的高度，激发重疾险产品的迭代和创新热潮。

2020年年初，新冠肺炎疫情促使人们更加关注健康风险，重疾险和医疗险成为人们谈论的话题，重疾险发展的市场氛围开始形成。

产品发展

保费规模持续高速增长

2013年费率市场化改革，市场上所有经营重疾险产品的公司都抓住这一机会将重疾险产品定价利率由2.5%上调至者是一些重疾定义放宽某个限制条件。但是，极少有对于同一疾病按照轻、中、重进行划分的情形。市场首款提供中症责任的产品是2016年招商信诺在银邮渠道推出的"珍爱一生B款"，由于销售渠道的限制，该产品没有形成很大的市场影响力。2018年，大童保险联合光大永明开发了一款少儿重疾险"童佳保"，将中症责任的曝光度提高，之后被多家公司借鉴。

3. 给付次数不断攀升

2016年，新华人寿推出"多倍保障重大疾病保险"。这款产品当时主要是针对广东等地"地下保单"，效仿当时香港主流重疾险产品形态开发的产品。此产品获得原保监会的支持，定价利率4%，重疾病种数量达120种，给付次数最多可达7次。2019年，华夏人寿推出了"华夏福加倍版重疾"，该产品是市场上赔付次数最多的重疾险。

4. 保额随给付次数递增

重疾给付保额随给付次数递增，是一个新出现的产品形态。首次重疾给付100%基本保额之后，重疾给付保额逐次等额递增10%。有些产品多次给付保额的增加比例随给付次数而加速递增。如百年康倍保[①]产品，重疾可赔3次，给付保额分别为100%、150%和250%的基本保额。

5. 分组多次给付

重疾数量已经高达100种以上，里面充斥着大量高度重叠的

---

① 中再寿险.2018至2019年度人身险产品研究报告.2019.

疾病，如果多次给付无分组限制，很容易造成"一炮多响"（一种疾病触发多种给付）的结果。2018年年初，中再寿险联合中国人寿开发了"康宁终身重大疾病保险（至尊版）"，该产品是市场首次将恶性肿瘤、急性心肌梗死、脑卒中后遗症分到同一组并进行多次给付的重疾险产品。这种设计将急性心肌梗死、脑卒中后遗症多次给付融合进了恶性肿瘤多次给付，极大降低了产品结构的复杂性。

失能/护理型重疾

重疾有很多疾病虽然并不会导致高昂的医疗费用支出，但会导致被保险人进入失能或者长期护理状态，进而导致收入损失和护理费用支出。2019年7月，太平洋保险推出"金福人生"重疾险产品，针对18～60岁由重疾导致的失能（6项日常生活活动不能完成3项或以上）和10种老年疾病（以严重阿尔茨海默病、脑卒中后遗症为代表的护理型疾病）额外提供100%的保额给付。这种设计从产品形态层面突出了重疾险收入损失补偿和护理费用赔偿的功能。

保额回复

保额回复责任最早出现在南非市场，南非市场的重疾险均是身故责任附加提前给付重疾责任，因此重疾给付后身故责任会降低甚至终止。为了让被保险人依然能够获得身故责任保障，保险公司给被保险人一个权利：让被保险人以健康体的成本购买身故保额，身故保额回复原有水平。除了身故责任，保额回复还可针对重疾责任。2017年年底，平安保险推出了"平安福2018"，其中轻症责任设计借鉴了香港市场的思路，每次轻症后身故和重疾的保额增长20%，至多增长3次。

新版《健康保险管理办法》

2019年年底，银保监会颁布新版《健康保险管理办法》，从经营管理、产品管理、销售管理、准备金评估、健康管理服务与合作等方面对健康保险进行了规范，特别是（第二条）将健康保险定义为国家多层次医疗保障体系的重要组成部分，提出坚持健康保险的保障属性，鼓励保险公司遵循审慎、稳健的原则，不断丰富健康保险产品，改进健康保险服务，扩大健康保险覆盖面，并通过有效管理和市场竞争降低健康保险价格和经营成本，提升保障水平。

发布新规范

2007年发布的《重大疾病保险的疾病定义使用规范》，到2020年已经应用了13年。一方面，医疗水平日新月异，新的疾病诊断标准、诊断技术、治疗方式层出不穷，该规范已经不能满足保险行业和保险消费者的需求，比如目前临床上以微创方式进行冠状动脉搭桥、瓣膜置换已属常态，但该规范仅限定了开胸的手术方式，不能适应医学和医疗技术的进步。另一方面，"重疾不重"也与消费者利益相悖，尤其是以早期甲状腺癌为代表的疾病，10年生存率接近100%，治疗费用多在2万元以内，与其他重疾相比，其疾病严重程度和治疗费用都明显与"重大疾病"的本意不符，因此国际上基本也都将其排除在重疾之外。同时，在各家保险公司的重疾理赔经验中,甲状腺癌在男性和女性恶性肿瘤理赔中的占比,均为人群发生率的数倍甚至10倍以上,体现出明显的逆选择,理赔成本的升高直接转嫁给健康险消费者来分担,损害了保险客户的共同利益。

2020年11月,中国保险行业协会与中国医师协会正式发布新规范,重疾险业务迎来重大变革。新规范优化了重疾的分类,顺应了医学诊疗技术和重疾险产品市场的发展,建立了重疾分级体系,增加了病种数量,适度扩展了保障范围、疾病定义范围,优化了定义内涵。新规范从2021年2月1日起正式实施。

新规范较原规范变化主要集中在以下三个方面。

一是,病种数量由原有的25种扩展为28种重疾和3种轻症病种。将甲状腺癌按轻重程度进行分级,TNM分期为Ⅰ期的甲状腺癌列入轻度恶性肿瘤。

二是,适度扩展保障范围。扩展了重大器官移植术、冠状动脉搭桥术、心脏瓣膜手术、主动脉手术4种病种的保障范围,并优化了严重慢性肾功能衰竭等病种的定义。例如,将微创手术纳入重疾范畴,取消了原规范中必须"实施了开胸"这一限定条件,冠状动脉搭桥术开胸改为切开心包,心脏瓣膜手术开胸改为切开心脏。这些定义的优化切实扩展了保障范围。

三是,明确轻症理赔不超保额的30%。

发布新版重疾表

2020年11月5日,中国精算师协会发布《中国人身保险业重大疾病经验发生率表（2020）》（银保监发〔2020〕51号，以下简称"新版重疾表"）。从发生率看，新版重疾表较旧版（男性18～43岁，女性18～57岁）略有提升，但高龄阶段有所下降，主要是甲状腺癌检出率提升所致。对于新版重疾表，新规范下的发生率较原规范在年轻阶段（男性18～56岁，女性13～60岁）略有下降，其余阶段略有上升，主要是甲状腺癌轻重症分级、总体赔付略有下降所致。

  重疾险从1994年引入我国至今，受多方面影响，其真正获得发展也就是在最近这几年。但仅仅几年的时间，我国保险业基本就将世界各地重疾险先进之处都引入我国重疾险产品。这一方面满足了客户对重疾险多方面的需求，促进重疾险快速发展，但另一方面对保险公司甚至整个行业的重疾险经营管理能力、专业技术水平、风险控制能力都带来了严峻的挑战。重疾险长期潜在风险比普通寿险复杂得多，特别是受外界因素影响非常大，是否在保险公司经营管理能力可控范围内，现在都是未知数。

第 3 章
重疾险市场现状

关键词：

市场地位及结构、产品结构、客户、保障、赔付在我国，重疾险被划分在健康险类别，近年来已经成为行业发展的重点险种。本章根据中国保险行业协会与中国再保险《重大疾病产品发展研究报告》、中国精算师协会新版重疾表、瑞再研究院《2021年疫情后期中国消费者保险行为洞察分析》、瑞再研究院《中国重疾险市场可持续发展研究》（2021年1月）、华泰证券研究报告《重疾险的未来》、申万宏源研究报告《重疾产品"价格战"回眸与展望》及相关媒体关于重疾险的文章，整理出我国重疾险当前的基本现状。

市场地位及结构

健康险保费成为行业增长最快的收入

我国商业健康险，在2005—2010年，虽然业务发展波动比较大，但整体上保持与行业其他类别产品同步发展的态势。但在2010年以后，健康险保费收入是所有寿险险种中增长最快的，保费增长速度保持领先地位。根据华泰研究院数据，健康险总保费从2010年的680亿元增长至2020年的8 173亿元（年复合增长率28%）。健康险保费占人身险总保费的比重由2010年的6.3%上升至2019年的22.8%；保险深度由0.2%提高至0.7%；保险密度由人均50.5元增长至人均504.7元。

2017年，在监管机构对短期护理险监管政策收紧的情况下，健康险增长放缓。在2017年以前，护理险被包装成一种期限较短且投资成分较重的储蓄型产品。保险公司通过销售短期护理险以追求保费规模增长，提高市场份额。监管机构在2017年加强了对健康险的监管并指导保险公司提供真正的健康保障类产品。因此，健康险保费增速在2017年下滑，但在接下来的几年中回升。详见图3-1和图3-2。

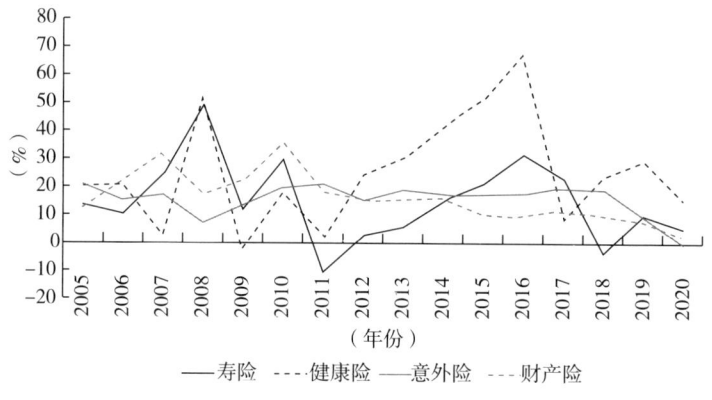

图3-1　健康险保费增速

资料来源：中国银保监会，万得资讯，华泰证券。

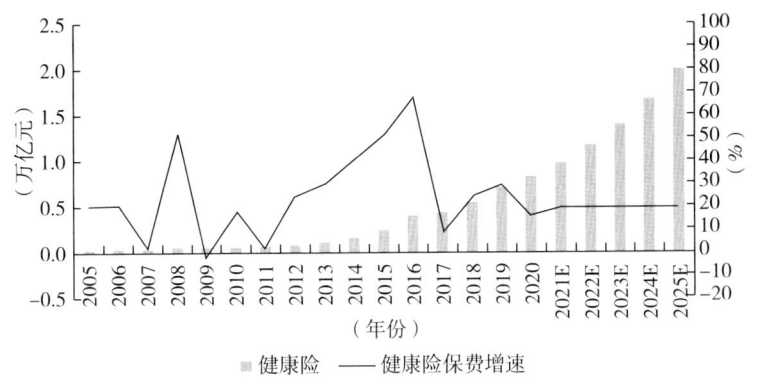

图 3-2 健康险保费同比增速

资料来源：中国银保监会，万得资讯，华泰证券。

疾病险在健康险中已成为主要产品

按照《健康保险管理办法》规定，健康险主要包括：疾病险、医疗险、护理险、残疾收入给付保险和医疗意外保险。从2010—2019年健康险保费结构看，疾病险已经成为健康险中主要的产品。

根据银保监会数据，2019年人身险公司疾病险保费收入达4 107亿元，占同年健康险保费收入的58%。详见图3-3。

2019年，市场整体（包含财产险公司）重疾险（包含防癌险）保费占健康险保费收入的64%。市场上头部公司重疾险保费占健康险保费收入普遍超过80%。详见图3-4。

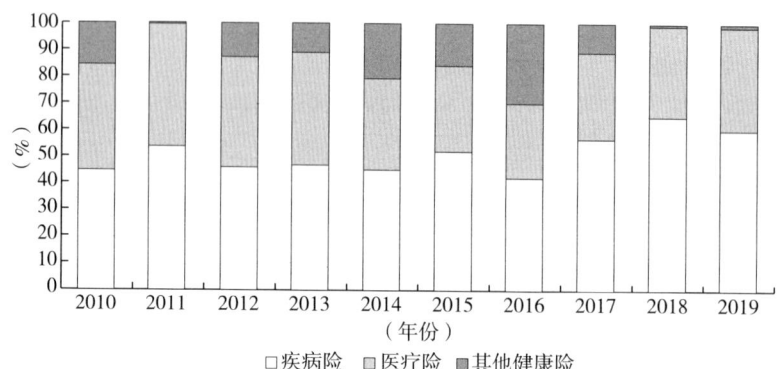

图3-3 健康险保费构成

资料来源：银保监会，前瞻产业研究院，华泰证券。

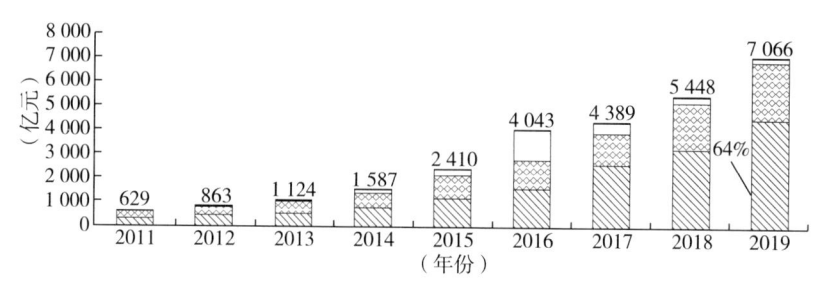

图3-4 2011—2019年健康险原保费收入

资料来源：银保监会。

重疾险保费在疾病险中的地位

根据研究数据，重疾险保费占疾病险保费收入的80%~90%，其他疾病险（包括防癌险、团体疾病险、特定疾病险和相应的附加险等）占据剩余的逾10%。详见图3-5。

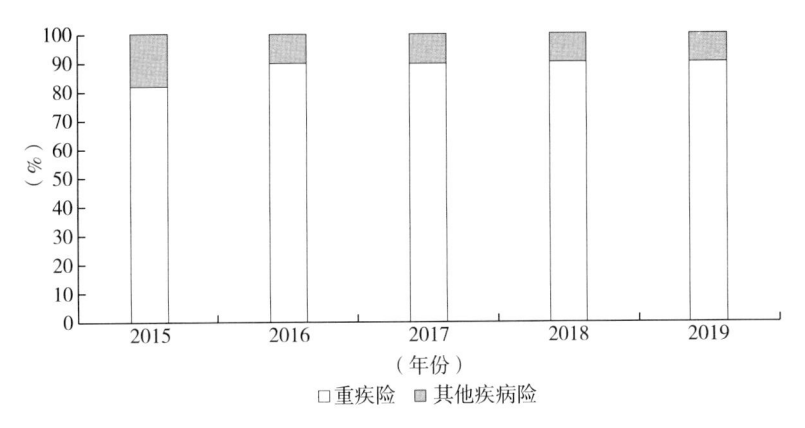

图3-5 疾病险保费构成

资料来源：银保监会，前瞻产业研究院，华经产业研究院，中国保险行业协会，华泰证券。

保费

总保费

2016—2020年，重疾险总保费从1 528亿元增长到4 904亿元，5年间增长3.2倍。2020年重疾险总保费占当年人身险总保费的15.48%。重疾险总保费在2016—2018年，年均增速在40%以上，但自2019年开始放缓。详见图3-6。

新单保费

新版重疾表数据显示，重疾险新单保费从2014年的193亿元上升到2018年的1 040亿元，年化增长率为52%，占当年人身险首年总保费的8.28%。详见图3-7。

续期保费

按总保费和新单保费推算，2018年年底，重疾险的续期保费应为3 864亿元。

第3章 重疾险市场现状

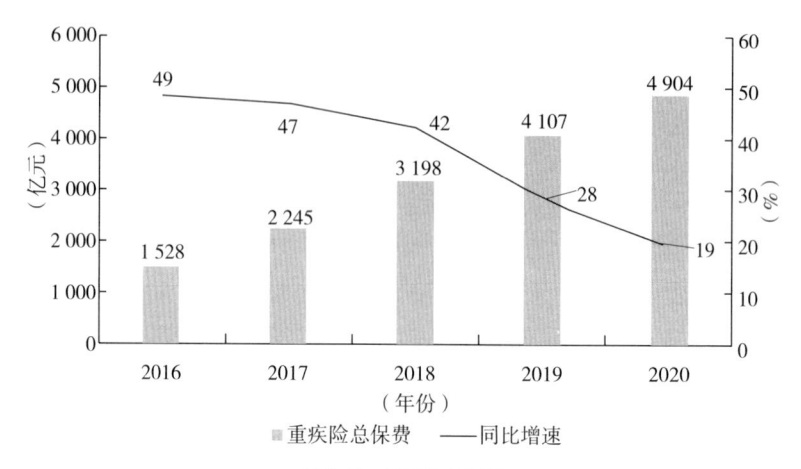

图3-6 重疾险总保费

资料来源：银保监会，华经产业研究院，中国保险行业协会，华泰证券。

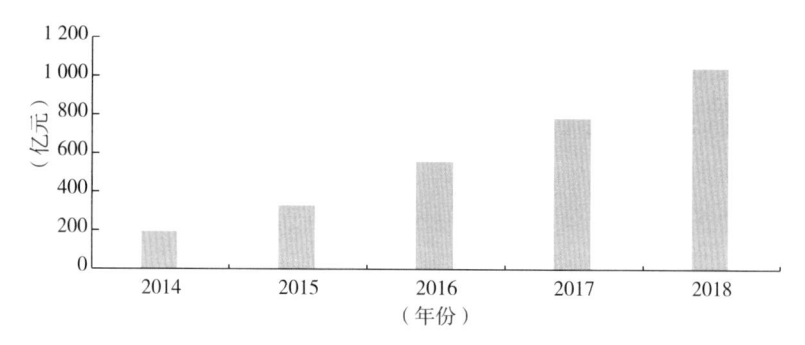

图3-7 2014—2018年重疾险新单保费

资料来源：新版重疾表。

保单

保单总量

根据中国再保险的数据，1994—2018年，中国累积销售重疾险保单3.6亿件，截至2018年有效保单合计约2.2亿件。详见图3-8。

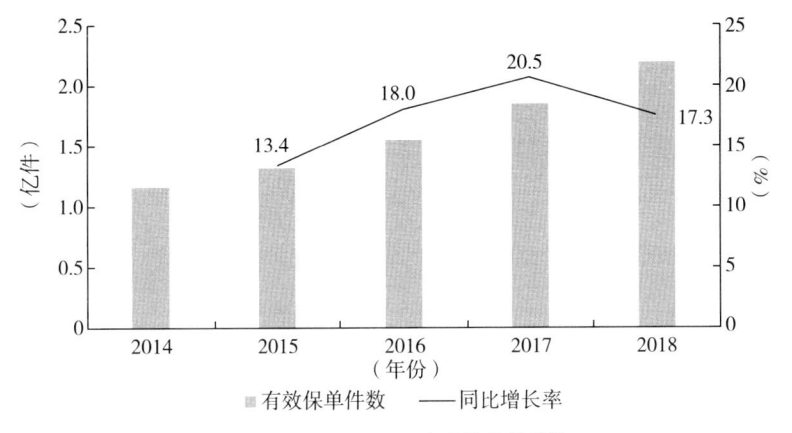

图 3-8　2014—2018年有效保单件数

资料来源：新版重疾表。

新单件数

根据中国再保险的数据，重疾险新单件数由2014年的1 547万件，增长到2018年的4 158万件，占有效保单总量的19.11%，年化增长率为28%。详见图3-9。

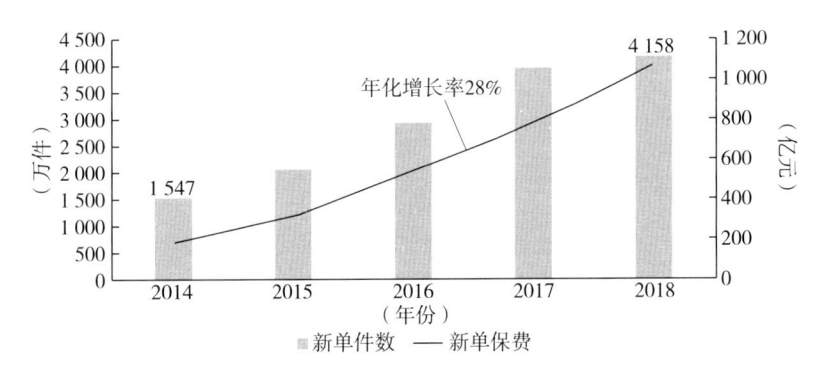

图 3-9　2014—2018年重疾险新单情况

资料来源：中国再保险报告。

保单年期

存量有效保单分布

截至2018年年末，有78.1%的存量有效保单仍处于前10个保单年度，仅约1.2%的存量有效保单达到了第20个保单年度及以上。详见图3-10。

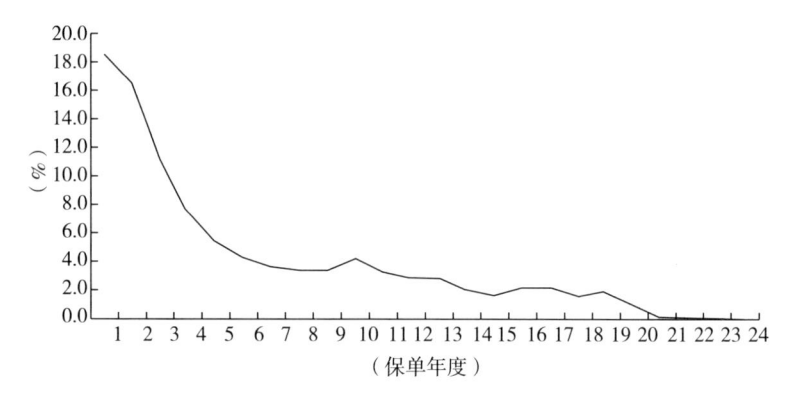

图3-10 2018年年末存量有效保单所处的保单年度比例

资料来源：新版重疾表。

存量有效保单期间

存量有效保单中，不同保险期间的占比随着保险期间的变长而增加。约68.0%保单的保险期间为终身，不到0.1%保单的保险期间为1~5年。详见图3-11。

新单保险期间

从保险期间看，2014—2018年销售的重疾险新单中，20年期以下保单占比从8.8%降至2.2%，21~30年期占比从5.7%升至

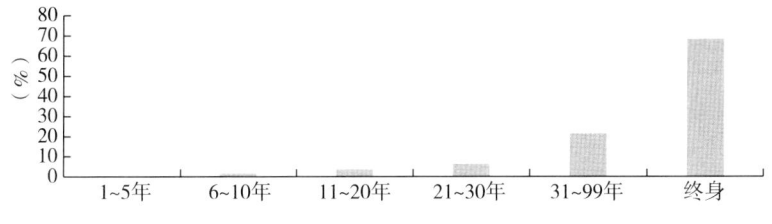

图3-11 2018年年末分保险期间存量有效保单比例

资料来源：新版重疾表。

7.1%，31～99年期占比从25.4%降至18.7%，终身占比从60.1%上升到72.0%。详见图3-12。

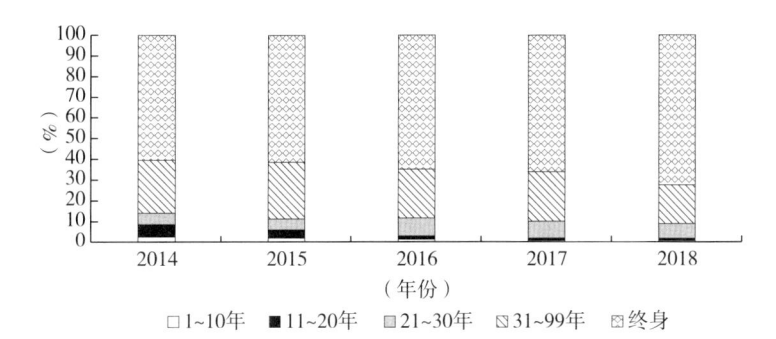

图3-12 2014—2018年分保险期间新单件数比例

资料来源：新版重疾表。

交费期间

存量有效保单交费期间

存量有效保单中，交费期间在11～20年的保单占比最高，达到70.0%。详见图3-13。

新单交费期间

2014—2018年，交费期间不超过10年的新单占比从27.9%

第3章 重疾险市场现状

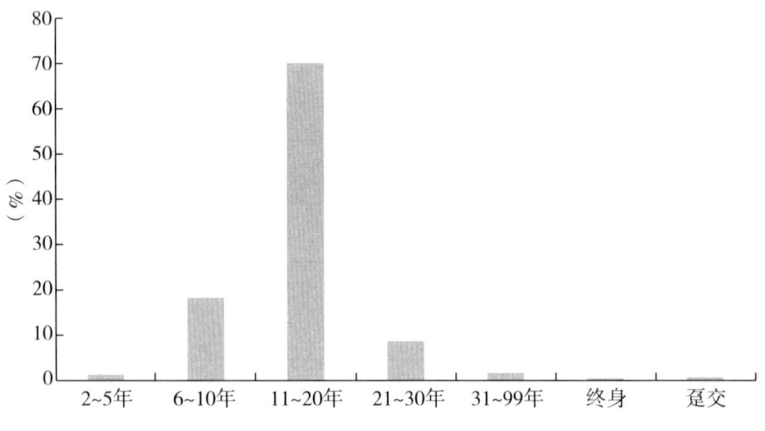

图3-13 2018年年末分交费期间存量有效保单比例

资料来源：新版重疾表。

降至14.7%，交费期间11~20年的新单占比从62.7%升至73.7%，交费期间21~30年的新单占比由8.4%升至11.2%。详见图3-14。

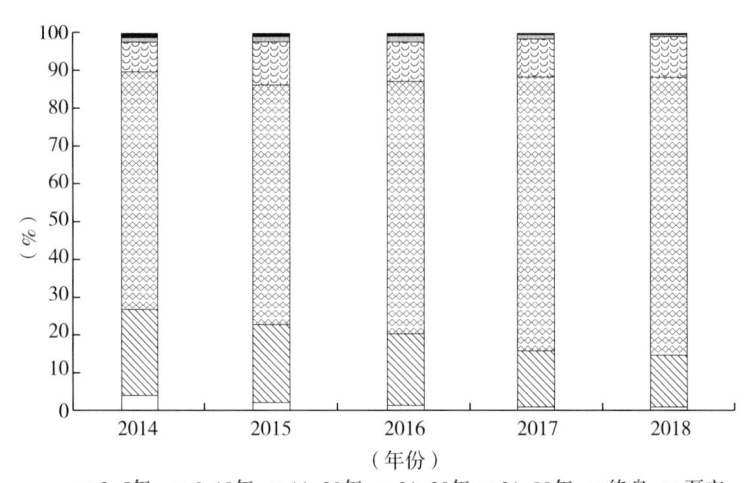

图3-14 2014—2018年分交费期间新单件数比例

资料来源：新版重疾表。

新单分病种交费期间

2014—2018年，防癌险新单中，交费期间11~20年的占比为67.7%，6~10年的占比为22.5%。

含25种病种的新单中，交费期间11~20年的占比为70.2%，6~10年的占比为16.2%。

不足25种病种的新单中，交费期间11~20年的占比为57.2%，6~10年的占比为18.8%。

可见，在重疾险三大类险种中，交费期间11~20年的比例最高，表明重疾险整体上已经实现中长期交费。详见图3-15。

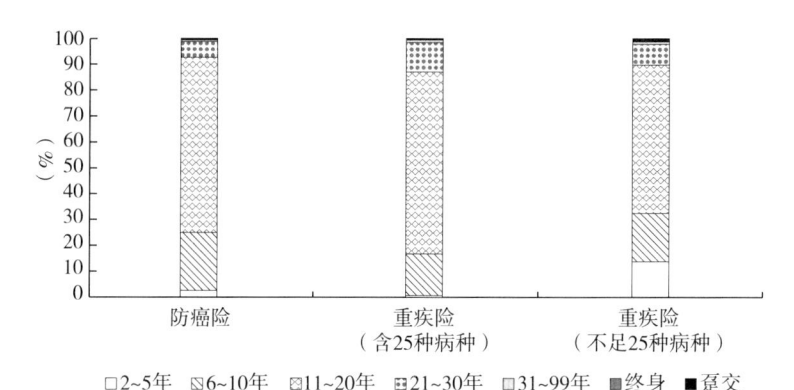

图3-15　2014—2018年分交费期间分病种类型新单件数比例

资料来源：新版重疾表。

销售渠道

存量有效保单销售渠道

国内重疾险市场的销售渠道，主要有七大渠道，即个代渠道、团体渠道、银邮渠道、电销渠道、网销渠道、经代渠道、其他渠道。从保单件数看，个代渠道是重疾险的主要销售渠道，占比高达93.4%，其余渠道保单件数占比均不足3.0%。详见图3-16。

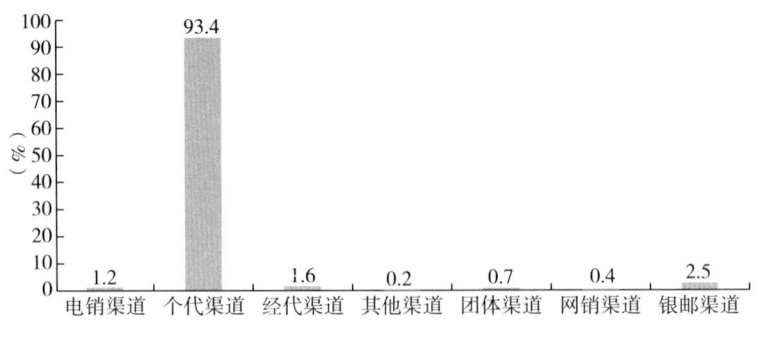

图3-16　2018年年末分渠道存量有效保单比例

资料来源：新版重疾表。

新单销售渠道

2014—2018年，从各销售渠道新单件数来看，个代渠道长期占比为90%左右，电销渠道和银邮渠道合计占比从9.0%降至4.1%，经代渠道、团体渠道和网销渠道占比从1.2%升至5.3%。详见图3-17。

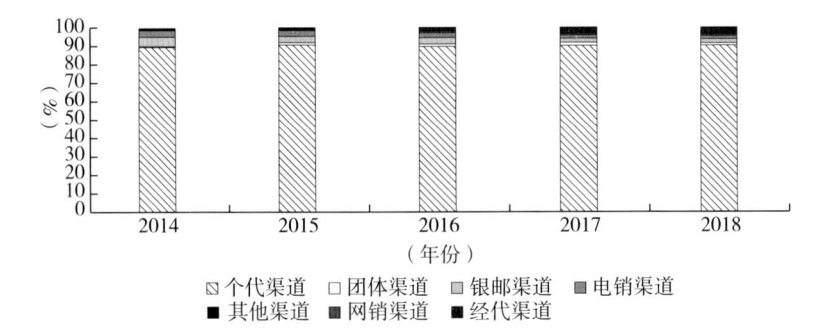

图3-17　2014—2018年分年度各销售渠道新单销售占比

资料来源：新版重疾表。

2014—2018年，网销渠道和经代渠道成为重疾险产品销售增长较快的渠道。网销渠道增长36.5倍，经代渠道增长11.8倍。详见图3-18。

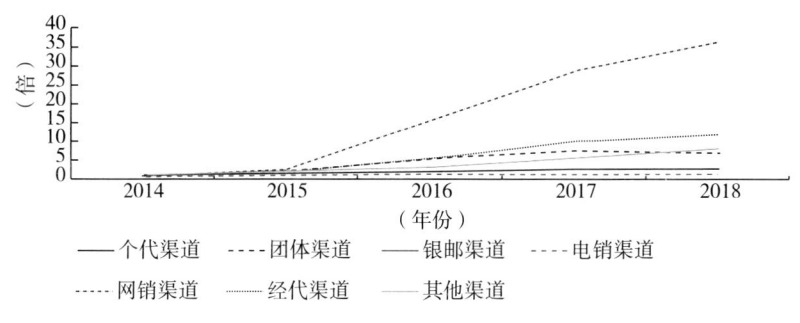

图3-18　2014—2018年重疾险各销售渠道增速

市场集中度

截至2018年年底，我国累计共有81家人身险公司提供长期疾病保险产品。随着近年重疾险业务的发展，业务集中度[①]不断下降，由2014年以前的94%下降到2018年的82%。详见图3-19。

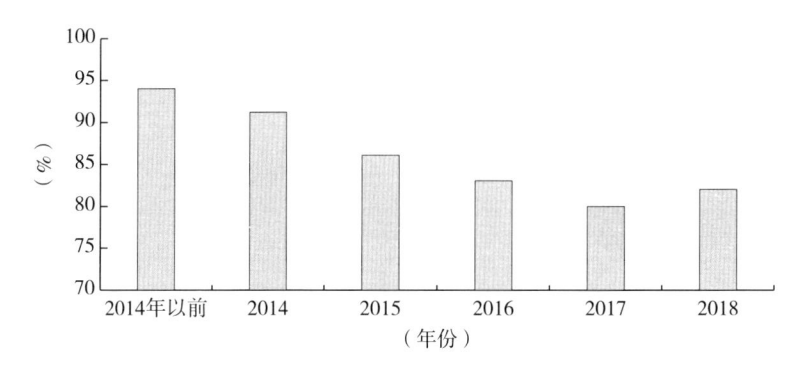

图3-19　2014—2018年重疾险业务市场集中度

资料来源：新版重疾表。

---

① 业务集中度，是指新单保费排名前十大公司的保费占行业保费的比例。

产品结构的现状

近10年来，重疾险市场产品层出不穷。保险公司在重疾的保障种类、轻症疾病的保障种类、轻症给付次数等方面快速迭代和升级。在覆盖病种方面，重疾保障范围由最初的数十种已经增加到了超百种；在保障责任方面，逐渐纳入了轻症、中症、特殊疾病和前症，并额外考虑了恶性肿瘤、心血管等高发疾病；在给付方式方面，出现了多种给付、多次给付、投保人豁免保费等产品形态。

产品结构

根据瑞再数据，在售的健康险中疾病险产品占58%，其中，77.3%的产品为重疾险责任保障产品（73.7%+3.6%=77.3%）。重疾险主险产品占比61.8%，另外38.2%为重疾险附加提前给付、

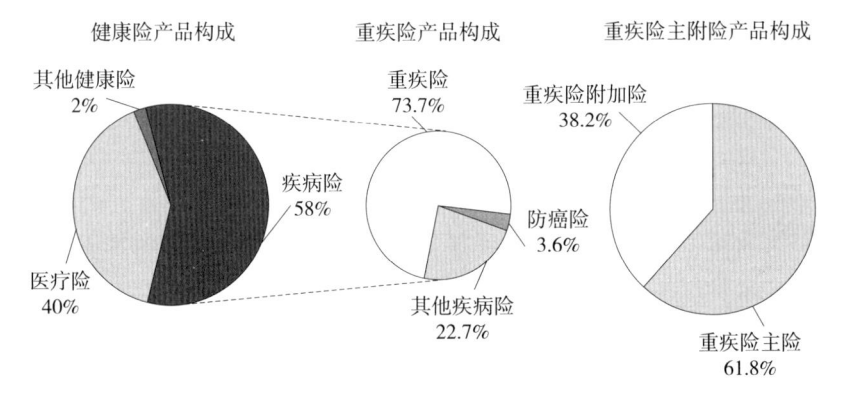

图3-20 疾病险产品结构

注：图中的医疗险与疾病险不包含税收优惠型产品，其他健康险类别包含失能收入损失险、护理险、医疗意外险和个人税收优惠型健康险。

资料来源：中国保险行业协会，瑞再研究院。

附加豁免保费等附加险产品。详见图3-20。按保障责任划分，保障综合重疾责任的产品占疾病险市场总量的7成以上，以保障轻症疾病或特定疾病为主的其他疾病险占比为23%，防癌险占比不足5%。近年来越来越多的产品包含分组、分层次多级给付的结构，如部分产品提供重疾分组后的多种给付和中症的多次给付。

病种数量

新版重疾表认为，整体来看，2014年以前的产品，病种范围较小，保障层级单薄，创新责任较少。

2014年以后，重疾险在这3个方面发展迅速，从病种保障范围来看，2014年以前的新产品保障病种数量多为40种及以下，2014年以后病种数量扩展迅速，2018年的新产品病种数量大多为近百种，部分产品甚至超过百种。详见图3-21。

2014年以前就已经有轻症产品，但整体市场占比较低，2014年以后轻症责任迅速流行，几乎成为重疾险保障责任的标配。详见图3-22。

病种类型

从病种类型来看，2014—2018年，含25种病种的重疾险产品由82.6%上升到91.5%，而不足25种病种的重疾险产品由11.5%下降到6.5%，单一病种（如防癌险）由5.9%下降到1.9%。详见图3-23。

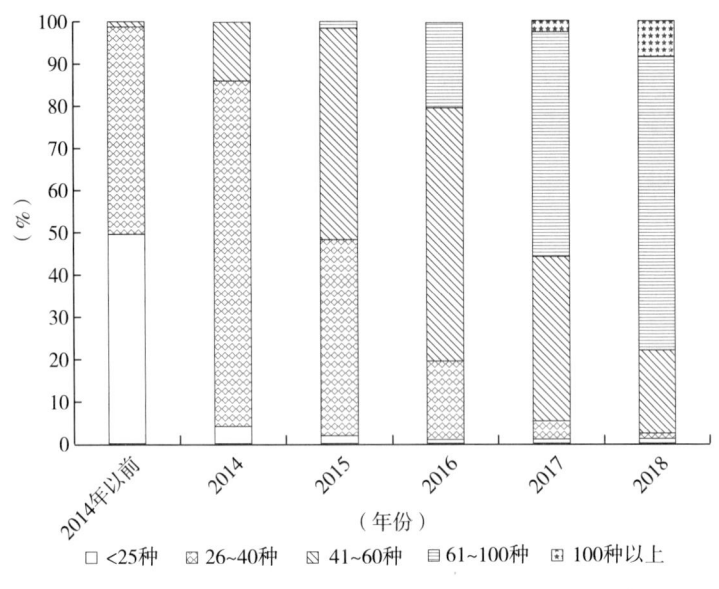

图 3-21 新单重疾病种类型分布

资料来源：新版重疾表。

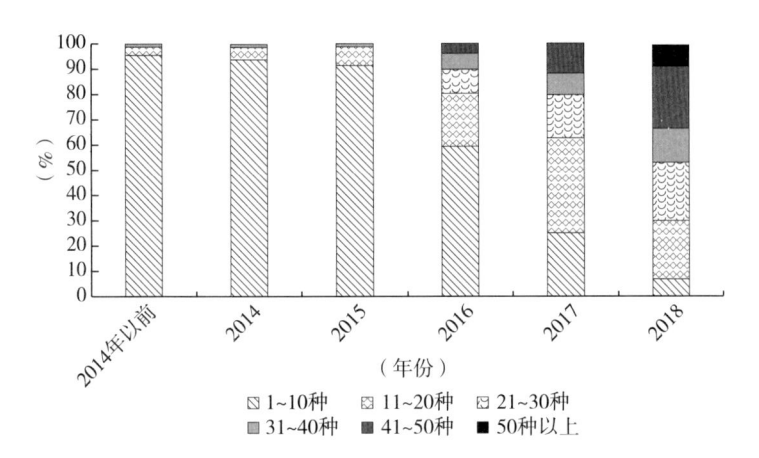

图 3-22 新单轻症病种数量分布

资料来源：新版重疾表。

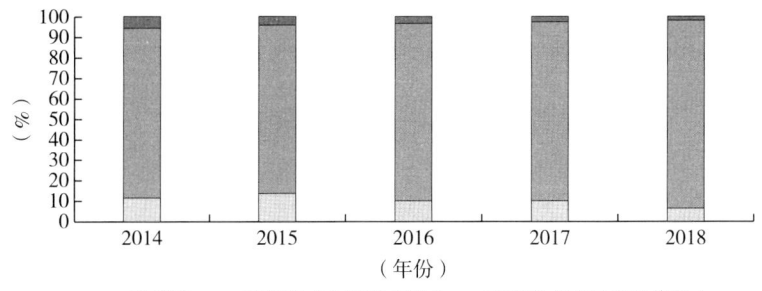

图 3-23　2014—2018 年分病种类型新单件数比例

资料来源：新版重疾表。

单次与多次给付产品

2016 年以前，重疾险单次给付产品占比 90% 以上。

2016 年以后多次给付责任开始发展，但比较缓慢。2018 年新单多次给付责任保单占比为 20% 左右。详见图 3-24。

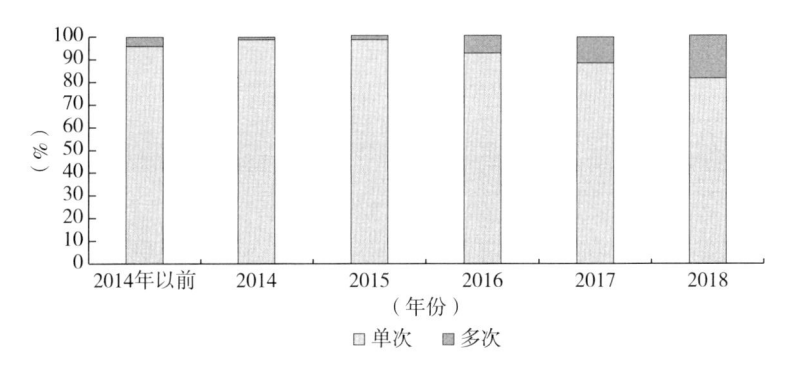

图 3-24　新单单次与多次给付产品销量占比

资料来源：新版重疾表。

轻症多次给付产品从 2016 年开始热销，2018 年在新单中占比约 60%。详见图 3-25。

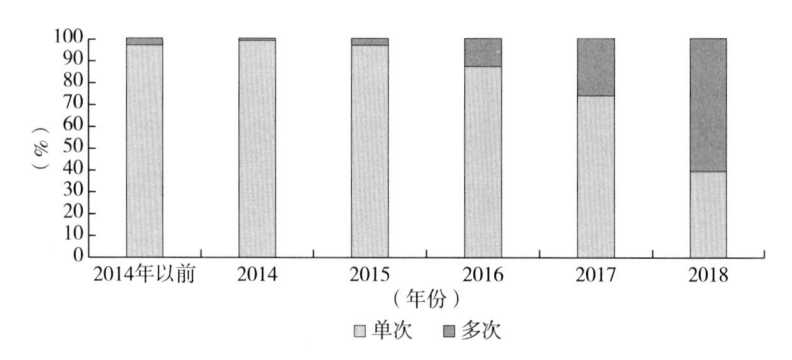

图3-25 新单轻症单次与多次产品销量占比

资料来源：新版重疾表。

提前给付产品

2014—2018年，提前给付产品新单占比逐年上升，2018年升至71.8%；部分提前给付产品新单占比逐渐下降，2018年降至20.2%；独立给付和额外给付产品新单占比整体呈下降趋势，2018年合计占比降至8.0%。详见图3-26。

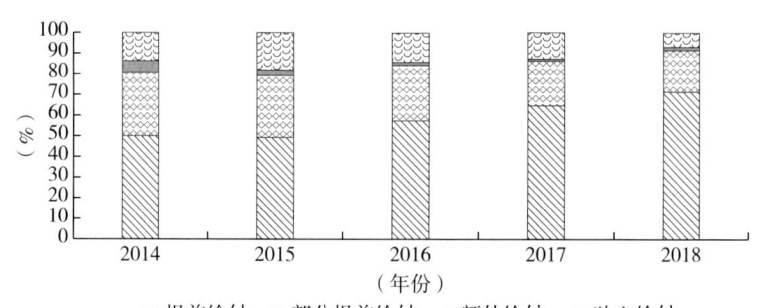

图3-26 2014—2018年分给付类型新单件数比例

资料来源：新版重疾表。

多个角度看重疾险客户

持有保单的比例

瑞再研究院2020年对1 000名中国消费者进行了专项调查，超9成的受访者至少持有1份保单。持有医疗险者占69%，持有重疾险者占55%，持有个人意外险者占53%，持有寿险和养老保险者约占45%。除寿险和其他，中国消费者对其他险种的投保率均高于亚太市场平均水平。其中，中国消费者持有养老保险和重疾险的比例高于亚太市场平均水平20个百分点以上，个人意外险高于亚太市场平均水平约13个百分点。详见图3-27。

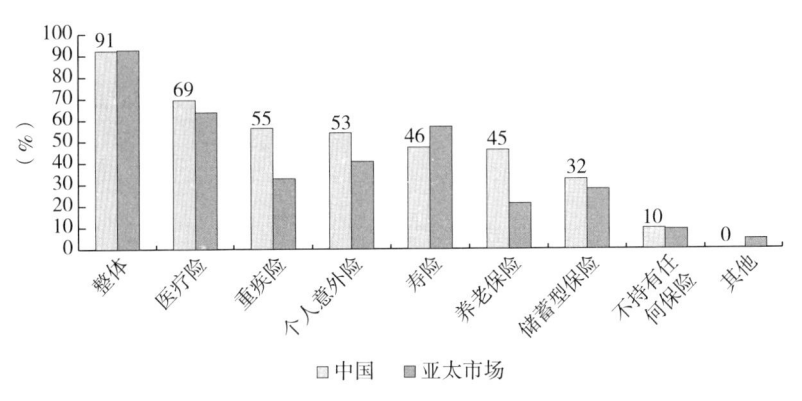

图3-27　2020年消费者持有各类保单比例

资料来源：瑞再研究院。

被保险人平均年龄

根据新版重疾表，2018年年末，重疾险被保险人平均年龄为27.3岁。男性为25.8岁，女性为28.7岁，女性比男性高出近3岁。

存量有效保单被保险人年龄和性别分布

重疾险存量有效保单被保险人的年龄主要集中在0~4岁及25~44岁，其中，0~4岁占比为16.1%，25~29岁占比为11.0%，30~34岁占比为13.2%，35~39岁占比为13.2%，40~44岁占比为11.4%，50岁以上的累计占比仅为5.7%。从性别来看，20岁以前，男性占比高于女性，但20岁以后，女性占比均高于男性。详见图3-28。

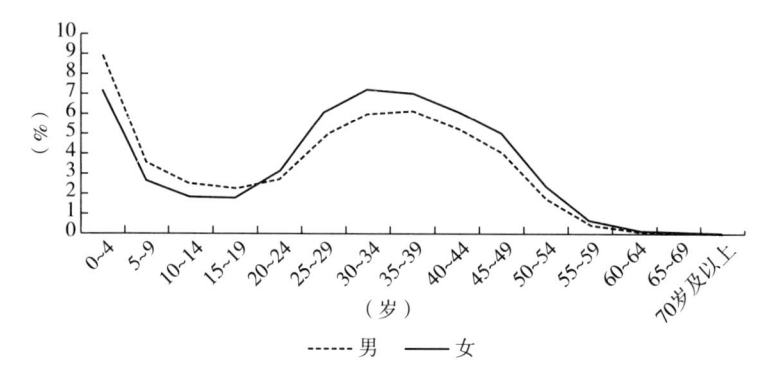

图3-28　2018年年末分年龄、分性别存量有效保单比例
资料来源：新版重疾表。

新单被保险人年龄分布

新单被保险人年龄主要集中在0~4岁（17.8%）及25~44岁（44.6%），合计占比62.4%，45~59岁的合计占比13.8%。被保险人整体较年轻，风险较低。而最需要保障的中老年群体则保障不足。详见图3-29。

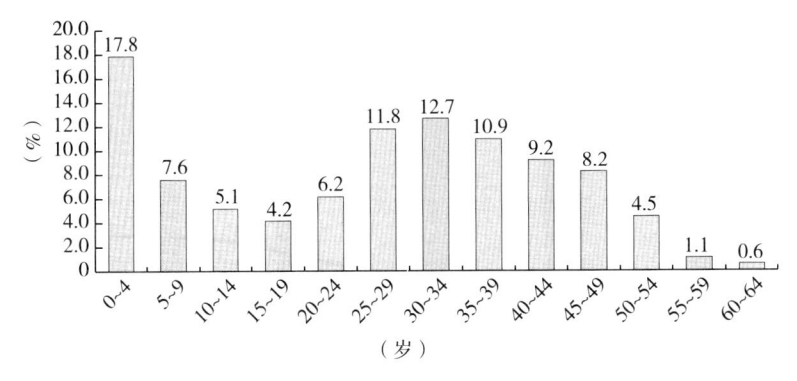

图3-29 新单被保险人年龄分布

注：基于2017—2018年重疾险新单。
资料来源：中再寿险，华泰证券。

新单被保险人性别分布

重疾险新单被保险人中，男性占比从2014年的50.9%降至2018年的48.6%，女性占比则由49.1%上升至51.4%。2015年以前男性被保险人多于女性，2015年以后女性被保险人数量大幅上升。详见图3-30。

女性被保险人年龄分布

2013—2016年，20~39岁女性被保险人占比快速上升。详见图3-31。

新单体检件

新单体检件比例从2014年的1.9%下降至2018年的1.2%。体检件逐年下降，一方面是因为年轻的被保险人多了，另一方面是

存量有效保单被保险人职业分布

《中华人民共和国职业分类大典》将职业分为八大类。按此分类，在存量有效保单中，第二类专业技术人员，第五类农、林、牧、渔、水利生产人员占比最高，均超过20%。详见图3-34。

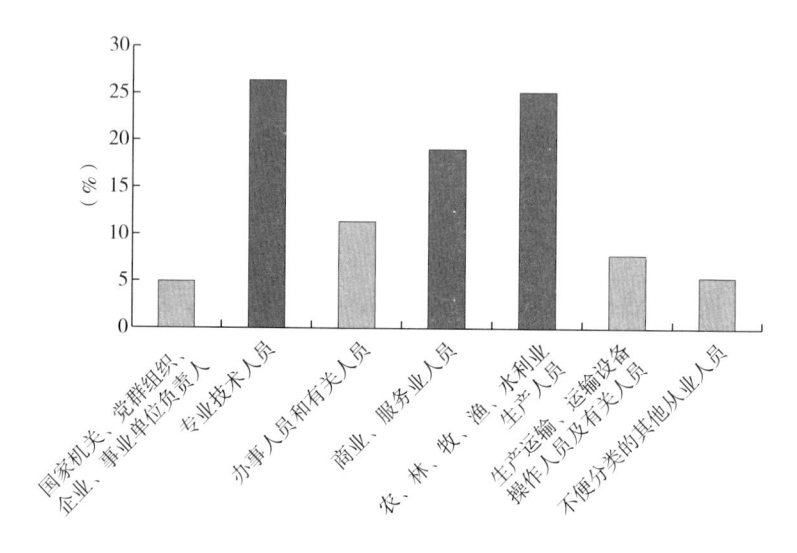

图3-34　2018年年末存量有效保单被保险人职业分布
注：大类职业中，军人一类占比基本为零，故图中未显示。
资料来源：新版重疾表。

新单被保险人职业分布

2018年，重疾险新单被保险人职业类别中，占比前3位的分别是商业、服务业人员，专业技术人员，办事人员和有关人员，占比分别约为25%、20%、20%。详见图3-35。

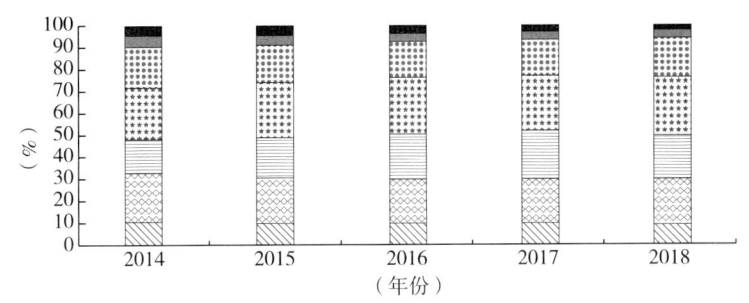

图3-35　2014—2018年分年度新单被保险人职业分布

注：大类职业中，军人一类占比基本为零，故图中未显示。
资料来源：新版重疾表。

杠杆率

保费杠杆率＝总保额/总保费。杠杆率高，表示一定的保费水平下获得的保障水平也高；反之亦然。

华泰证券研究报告对"新华健康无忧宜家版""平安福21""太平福禄终身重疾""太保金典人生"4款重疾险产品在同一条件下的保费杠杆率做了比较。对于20年交费期的重疾险，18岁时购买重疾险可获得3.0～4.0倍的杠杆，而在55岁时购买该保险，杠杆仅略高于1.0倍。

现有客户保障状况

覆盖率

根据新版重疾表,截至2018年年底,重疾险有效保单合计2.18亿件,保障1.68亿人,重疾险人口覆盖率[①]为12%。分年龄看,35~39岁群体覆盖率最高,达到18%;其次是5~9岁群体覆盖率,达到16.5%;0~4岁群体覆盖率也达到15.1%;9岁以下群体的覆盖率为31.6%。详见图3-36。

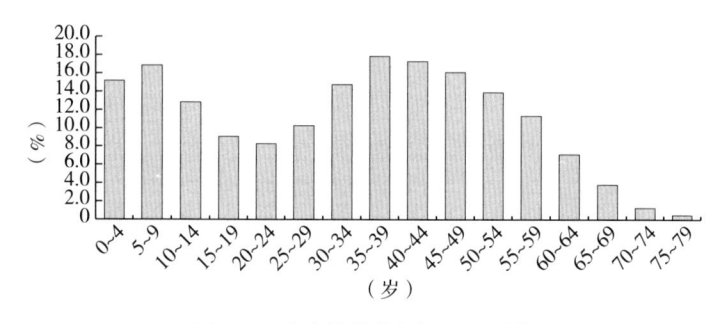

图3-36 各年龄段重疾险人口覆盖率

存量有效保单地区分布

国内重疾险市场的销售地区,主要有七大地区,包括东北、华北、华东、华南、华中、西北、西南。基于存量有效保单反映出的销售地区特征,华东地区的保单件数占比最高,为30.5%,其他地区的保单件数占比均在20%以下,西北地区的保单件数占比最低,仅为6.6%。详见图3-37。

---

① 重疾险人口覆盖率,是指截至2018年年底拥有有效重疾险保单的被保险人人数与中国大陆人口数比值,年龄为2018年年底的到达年龄。

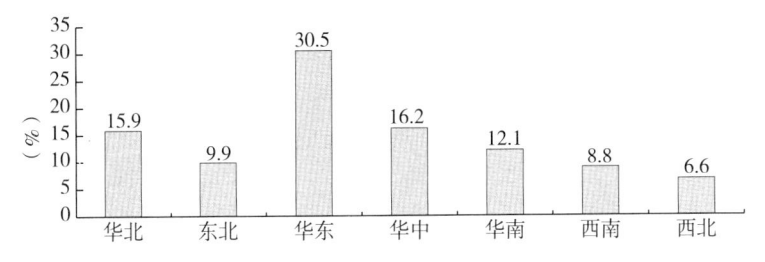

图3-37　2018年年末分地区存量有效保单比例

资料来源：新版重疾表。

家庭覆盖

重疾险已经成为家庭配置的主要险种。据大家保险集团的调查[①]，对配偶、父母配置保险的首选都是重疾险。详见图3-38。

配偶的保障范围（*N*=4 495）　　孩子的保障范围（*N*=4 151）　　父母的保障范围（*N*=980）

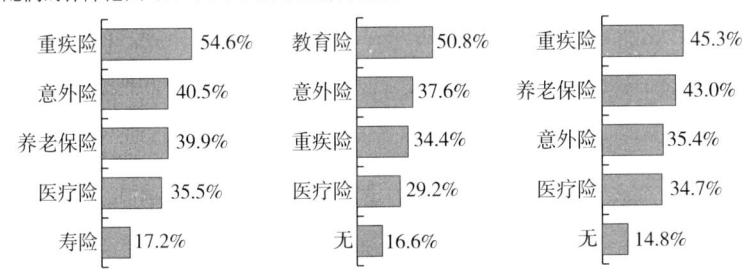

配偶	%	孩子	%	父母	%
重疾险	54.6%	教育险	50.8%	重疾险	45.3%
意外险	40.5%	意外险	37.6%	养老保险	43.0%
养老保险	39.9%	重疾险	34.4%	意外险	35.4%
医疗险	35.5%	医疗险	29.2%	医疗险	34.7%
寿险	17.2%	无	16.6%	无	14.8%

图3-38　家庭成员持有保险产品类型统计

注：N，英文 number 的缩写，指数量。下文同义。

保障总额

2007—2016年，重疾险累计提供保额21.418万亿元；理赔140.6万人。详见图3-39。

---

① 大家保险集团. 2020中国家庭保险需求调查报告. 2020.

第3章　重疾险市场现状　　71

图 3-39 重疾险历年保额和理赔人次

存量有效保单

件均保额

存量有效保单中，31.5%的件均保额小于4万元，1.6%的件均保额超过50万元，件均保额为0~14万元的保单累计占比最高，达到74.7%。详见图3-40。

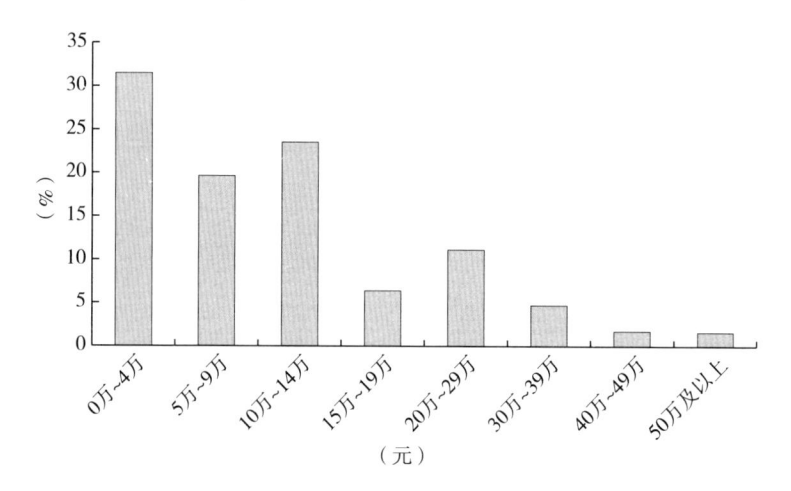

图 3-40 2018年年末件均保额分布

资料来源：新版重疾表。

按被保险人年龄的件均保额

存量有效保单中,从被保险人年龄看,件均保额随年龄呈先降后微涨的态势。0~9岁年龄段群体的件均保额相对最高,为14万~16万元;50~59岁年龄段群体件均保额最低,为54 550元。60岁及以上年龄段群体保单主要是近几年大量销售的消费型老年防癌险,保费相比50~59岁带有储蓄功能的重疾险更便宜,但件均保额微涨。详见图3-41。

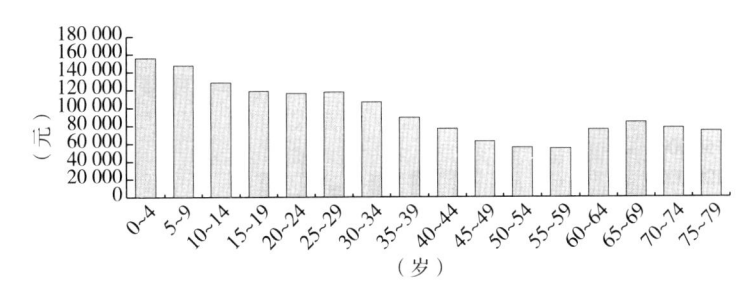

图3-41 2018年年末按被保险人年龄的件均保额

资料来源:新版重疾表。

按交费期间的件均保额

存量有效保单中,按交费期间来看,21~30年交费期间的件均保额最高,达到152 885元,趸交的件均保额最低,仅为22 653元。详见图3-42。

分体检件按被保险人年龄的件均保额

存量有效保单中,不论男女,除55岁及以后,体检件件均保额整体呈现大于非体检件件均保额的态势。在体检件中,5~9岁男性的件均保额最高,达到267 763元。详见图3-43和图3-44。

第3章 重疾险市场现状

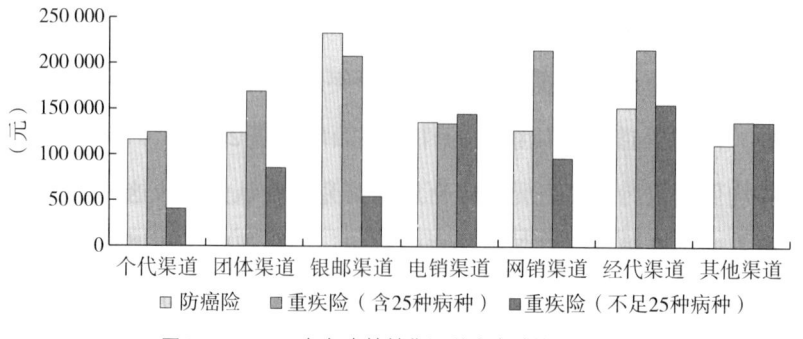

图3-46　2018年年末按销售渠道分病种的件均保额

资料来源：新版重疾表。

新单

保额构成

2014—2018年，重疾险新单保额总体上是低保额占比下降，高保额占比上升。其中保额0~4万元的保单占比从27.3%降至6.9%，保额5万~9万元的保单占比从28.6%降至15.7%，保额10万~19万元的保单占比从34.0%升至38.1%，保额20万~29万元的保单占比从7%升至21.6%，保额30万元以上的保单占比从3.2%升至17.7%。高保额保单虽然整体呈上升趋势，但与现实中重疾医疗费用支出相比仍显保障不足。如果重疾险保额30万元算有基本保障的话，那么只有约18%的保单有基本保障，如果20万元以下保额的保单算保障不足，那么保障不足的保单占比则为60.7%。详见图3-47。

件均保额

新单件均保额从2007年的不足5万元升至2020年的20余万元。详见图3-48。

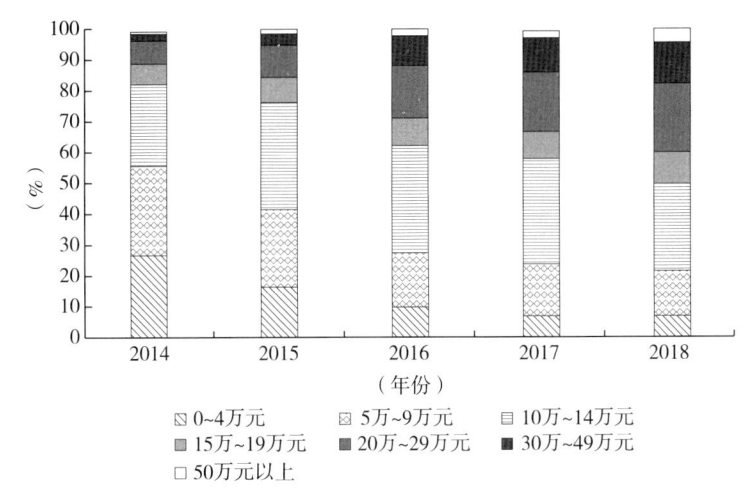

图3-47 2014—2018年新单保额构成

资料来源：新版重疾表。

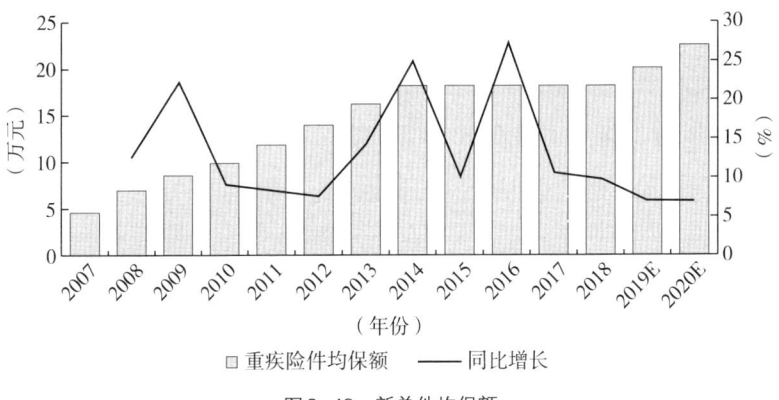

图3-48 新单件均保额

资料来源：华泰证券.重疾险的未来.2021。

按性别的件均保额

2014—2018年，男性新单件均保额从2014年的91 334元上升至2018年的172 905元，女性新单件均保额从2014年的

90 431元上升至2018年的168 202元，且男性新单件均保额均高于女性新单件均保额。详见图3-49。

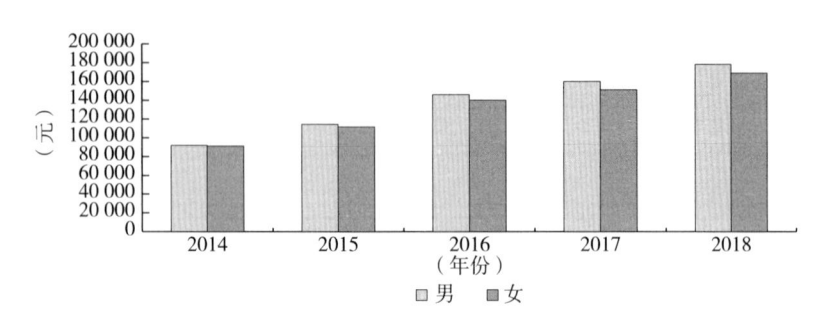

图3-49 按年度分性别新单件均保额

资料来源：新版重疾表。

被保险人的平均年龄

2014—2018年，新单被保险人的平均年龄呈现略微下降的趋势，男性从2014年的26.5岁下降至2018年的24.8岁，女性从2014年的28.8岁下降至2018年的27.7岁。从被保险人性别看，男性的平均年龄为24.9岁，低于女性的平均年龄27.8岁。详见图3-50。

按被保险人年龄分性别的件均保额

从被保险人年龄看，不论男女，0~4岁的件均保额最高，达到20万元，这也符合重疾险年龄低、价格低的特点。50~54岁群体的件均保额最低，不到8万元。这个群体又是重疾高发群体，8万元的保额基本无法覆盖重疾医疗费用开支。详见图3-51。

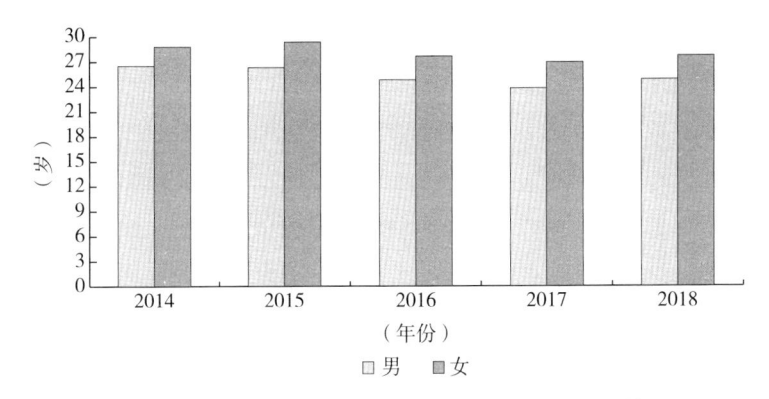

图3-50　2014—2018年按性别新单被保险人的平均年龄

资料来源：新版重疾表。

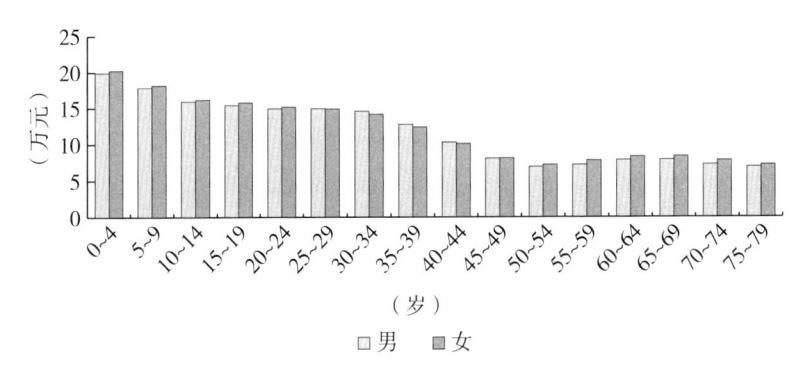

图3-51　按被保险人年龄分性别的件均保额

资料来源：新版重疾表。

按销售地区的件均保额

从按销售地区来看，华南地区件均保额最高，超过20万元。东北地区最低，大约为14万元，只是华南地区的70%。详见图3-52。

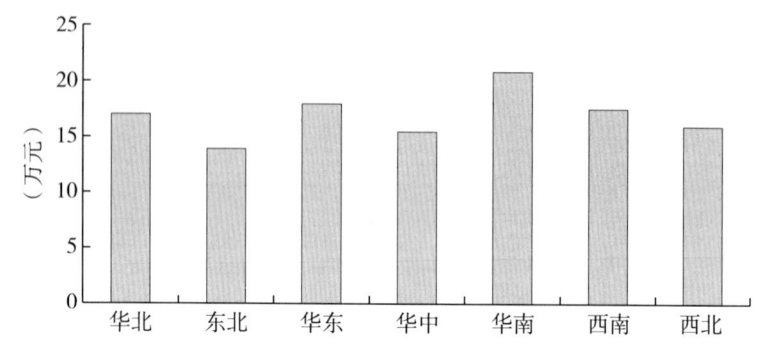

图3-52 分地区新单件均保额

资料来源：新版重疾表。

不同维度看重疾险赔付

累计赔付额

截至2018年年底，重疾险已经为超过510万的出险客户赔付，累计赔付额达1 815亿元，充分体现了"保险姓保"的社会价值。其中，2018年赔付额高达415亿元。详见图3-53。

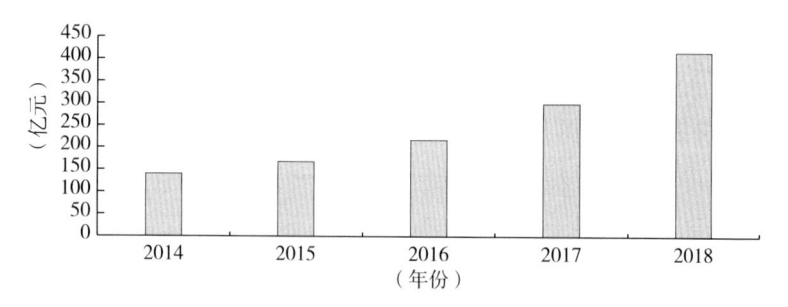

图3-53 2014—2018年重疾险赔付额

恶性肿瘤

在重疾险理赔中，恶性肿瘤占首位。其中，女性恶性肿瘤理赔占比超过80%，男性恶性肿瘤理赔占比虽然低于女性，但也超过了50%。详见图3-54。

	男	女
恶性肿瘤	54%	81%
脑卒中后遗症	11%	5%
急性心肌梗死	15%	2%
其他	20%	11%

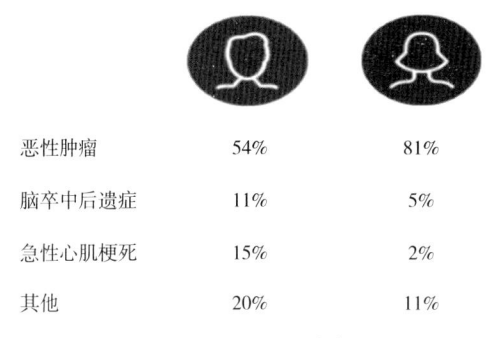

图3-54 重疾险理赔占比

资料来源：中国保险行业协会，中国再保险.重大疾病产品发展研究报告.2018。

脑卒中后遗症、急性心肌梗死

报告显示，在重疾险产品理赔案件中，50岁及以上的被保险人，无论男女，脑卒中后遗症、急性心肌梗死的占比都明显上升，并且受疾病谱改变的影响，未来上述情况都有继续扩大的趋势。详见图3-55和图3-56。

恶性肿瘤理赔分布

在恶性肿瘤94.4万件理赔案件中，从恶性肿瘤理赔分布看，

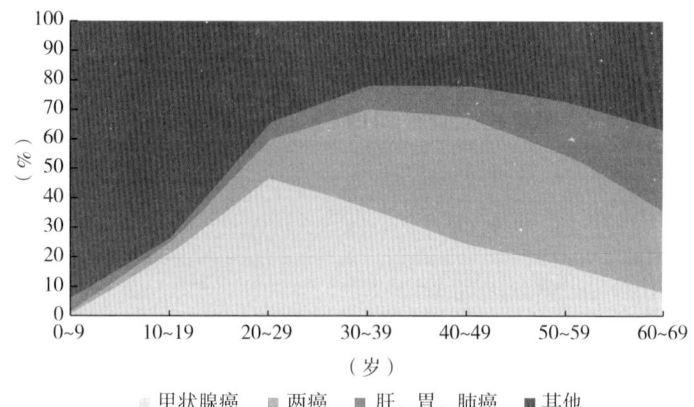

图3-59 女性重疾险恶性肿瘤理赔分布

资料来源：中国保险行业协会，中国再保险．重大疾病产品发展研究报告．2018。

五大致死病种

在重疾险22.4万件死亡理赔案件中，90%以上的重疾致死病种集中在恶性肿瘤、脑卒中后遗症、急性心肌梗死、严重冠心病、终末期肾病5个病种上。详见图3-60。

	男	女
恶性肿瘤	40%	42%
脑卒中后遗症	29%	31%
急性心肌梗死	15%	10%
严重冠心病	8%	9%
终末期肾病	2%	3%
其他	6%	5%

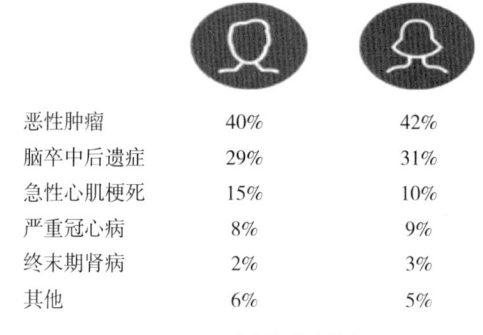

图3-60 重疾险理赔分布

资料来源：中国保险行业协会，中国再保险．重大疾病产品发展研究报告．2018。

重疾致死病种年龄分布

在重疾致死病种的年龄分布上，不论男女，都是低年龄段恶性肿瘤占比高。随着年龄的增加，脑卒中后遗症、急性心肌梗死和严重冠心病占比开始大幅上升。40岁以后，这4种疾病成为致被保险人死亡的主要病种。详见图3-61和图3-62。

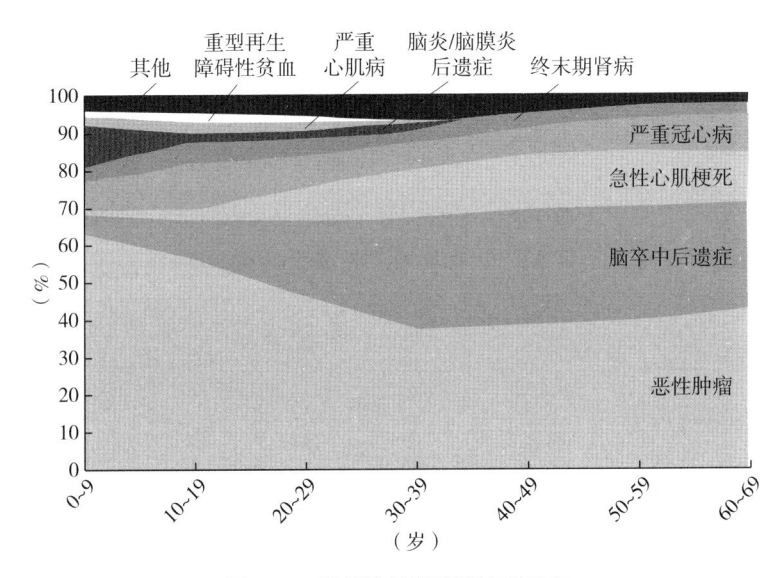

图3-61 男性重疾致死病种年龄分布

资料来源：中国保险行业协会，中国再保险.重大疾病产品发展研究报告.2018。

重疾发生率

女性：2016年重疾发生率较2006年有明显上升，且以恶性肿瘤发生率为甚。此外，急性心肌梗死的发生率与2006年持平，脑卒中后遗症发生率呈改善趋势。详见图3-63。

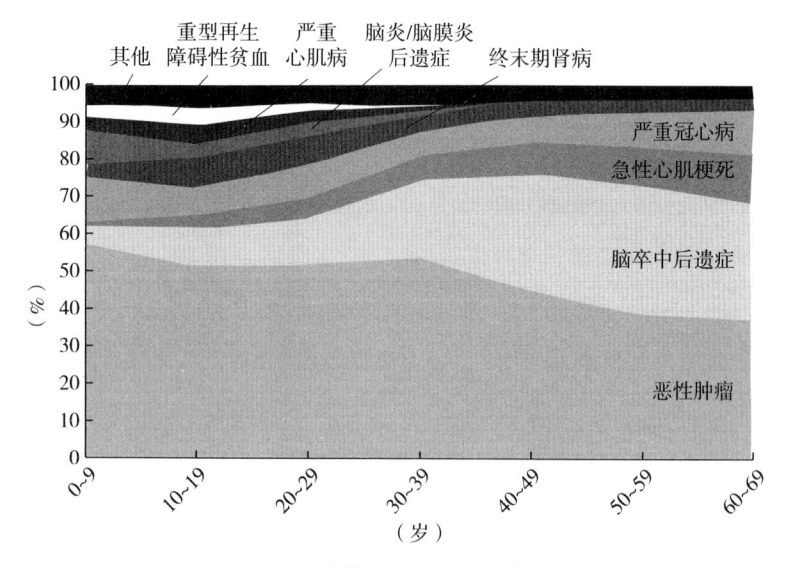

图 3-62 女性重疾致死病种年龄分布

资料来源：中国保险行业协会，中国再保险.重大疾病产品发展研究报告.2018。

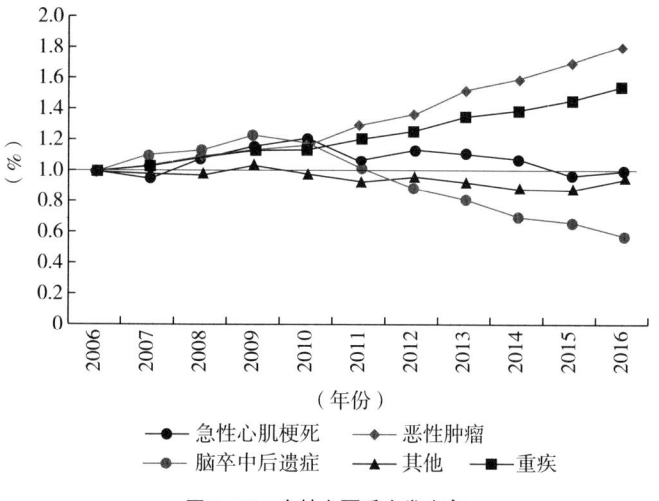

图 3-63 女性主要重疾发生率

资料来源：中国保险行业协会，中国再保险.重大疾病产品发展研究报告.2018。

男性：2016年重疾发生率比2006年有所上升，其中恶性肿瘤发生率较2006年上升较快，而急性心肌梗死的发生率上升得最快，脑卒中后遗症呈改善趋势。详见图3-64。

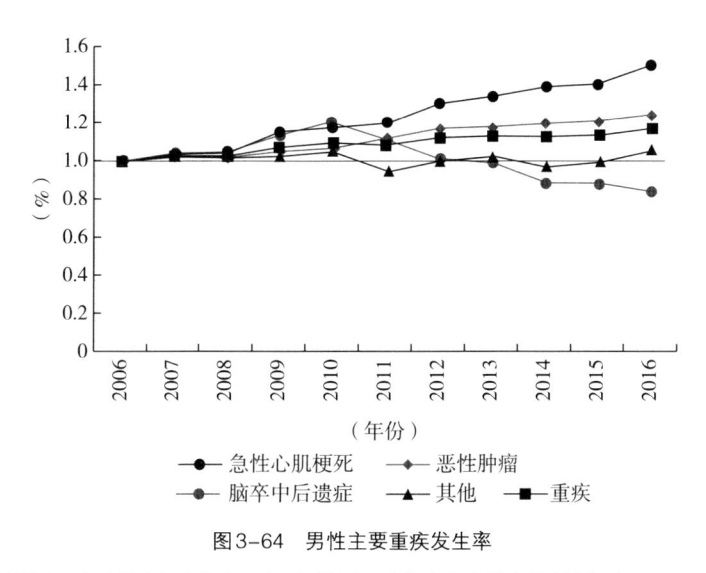

图3-64 男性主要重疾发生率

资料来源：中国保险行业协会，中国再保险．重大疾病产品发展研究报告．2018。

甲状腺癌发生率

女性和男性的甲状腺癌发生率均上升较快，且由于甲状腺癌临床检查容易产生逆选择，未来保险公司要重视。详见图3-65和图3-66。

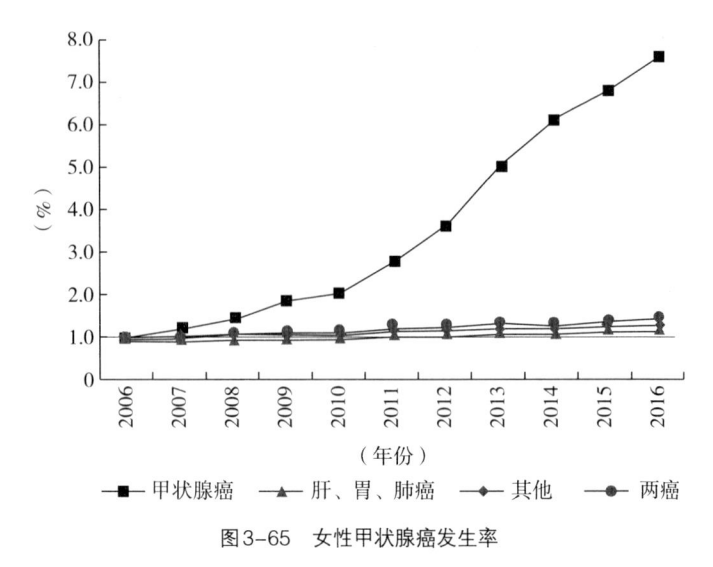

图3-65 女性甲状腺癌发生率

资料来源：中国保险行业协会，中国再保险.重大疾病产品发展研究报告.2018。

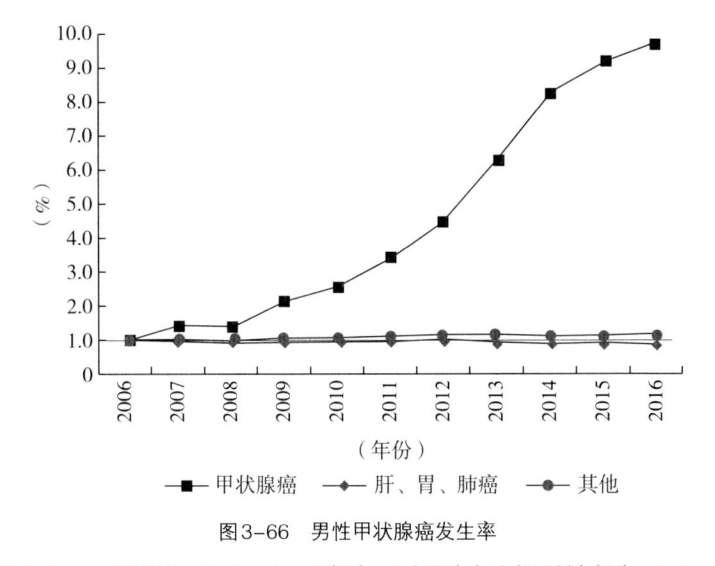

图3-66 男性甲状腺癌发生率

资料来源：中国保险行业协会，中国再保险.重大疾病产品发展研究报告.2018。

第 4 章
客户对重疾险的需求

关键词：
缺口、关注点、需求、偏好

随着社会生活水平的提高，人们的风险意识逐渐提高，重疾险受到客户的广泛欢迎。但经过调查发现，已经购买了重疾险的客户，其重疾保障仍然存在一定的缺口，而没有购买者或准备购买者，大多数也都在关注重疾险，并具有较强的需求特点和明确的偏好。

大多数人存在重疾保障缺口

人们实际需要的重疾医疗费用支出与现有重疾保障额度之间的差额，就是人们重疾保障的缺口。

人一生中患有重大疾病的概率

华泰证券在《重疾险的未来》中，基于重疾发生率表和生命表的研究，认为一个人在70岁之前被确诊患有重疾的概率是

31%（一些人可能患有重疾但尚未确诊），到80岁时这一概率增至50%。人的一生中患重疾的概率详见图4-1。

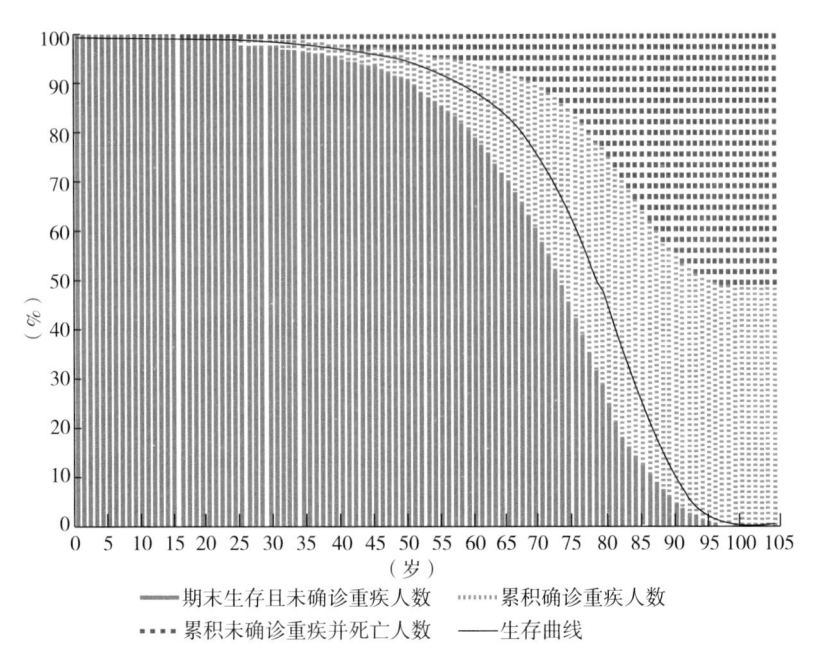

图4-1 人的一生中患重疾的概率

资料来源：中国精算师协会、银保监会、华泰证券。

数据显示[①]，2015年（恶性肿瘤数据统计一般滞后3年）恶性肿瘤发病约392.9万人，死亡约233.8万人。平均每天超过1万人被确诊为恶性肿瘤，每分钟有7.5人被确诊为恶性肿瘤。60岁以上到80岁的年龄段发病率最高，40岁以下青年人群发病率处于较低水平，从40岁以后开始快速升高。

---

① 郑荣寿，孙可欣，张思维，等.2015年中国恶性肿瘤流行情况分析［J］.中华肿瘤杂志，2019，41（1）：19～28。

重大疾病医疗费用支出

目前绝大多数重疾都可以被治愈，或者通过治疗延长患者的寿命，但需要较高的医疗费用，而且绝大多数重疾治疗费用呈快速上涨趋势。表4-1是中国精算师协会编制的一般重疾治疗需要的费用。

表4-1 重疾的平均治疗费用

重疾	医疗费用（元）	重疾	医疗费用（元）
恶性肿瘤	22万~80万	终末期肺病	10万~80万
冠状动脉搭桥术	10万~30万	昏迷	12万/年
急性心肌梗死	10万~30万	双耳失聪	20万~40万
心脏瓣膜手术	10万~25万	双目失明	8万~20万
重大器官或造血干细胞移植术	22万~50万	肢体缺失	10万~30万
脑炎后遗症或脑膜炎后遗症	22万~40万	瘫痪	5万/年
良性脑肿瘤	10万~25万	严重阿尔茨海默病	5万/年
严重脑损伤	10万/年	帕金森病	7.5万/年
慢性肝功能衰竭	10万/年	严重烧伤	10万~20万
终末期肾病	10万/年	语言能力丧失	10万/年

资料来源：中国精算师协会. 国民防范重大疾病健康教育读本. 2020。

国家癌症中心的调查显示，每名癌症患者的平均医疗费用为6.3万元，而调查者的家庭年均收入为5.5万元。但癌症更"烧钱"的地方在于长期用药，在进入放化疗阶段，患者需要服用昂贵的靶向药，平均一盒药就需要0.3万~1万元，还有健康食品等都需要自费。一年大概需要为癌症的治疗和康复准备30万~50万元，而且许多费用不在医保报销范围内。

重疾险有效保单保额分布

华泰证券研究报告显示，目前我国重疾险保额在10万元以下的保单占比为51.3%（见图4-2），与所需要的重疾医疗费用相比缺口在0~20万元。如果以30万元保额计，只有7.7%的保单基本能够应付重疾医疗费用，或者说，目前92.3%的重疾险保单存在保障缺口。

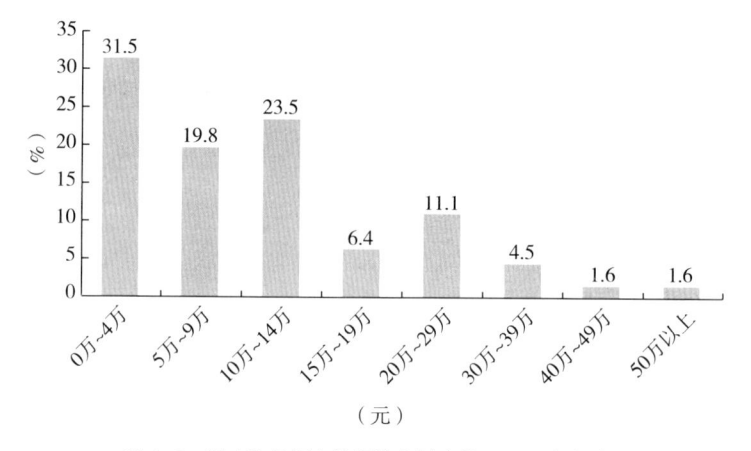

图4-2 重疾险保额有效保单比例（截至2018年年底）

资料来源：华泰证券研究报告（2021年5月）。

该报告还显示，现有重疾险保单的平均保额仅为13万元，不足以覆盖重疾10万~80万元的医疗费用支出，更不用说重疾发生时造成的潜在收入损失。

医疗费用支出对家庭的影响

重疾医疗费用支出，对大多数家庭来讲都是一笔持续的重大支出。如果一个家庭的主要经济来源者罹患重疾，在患病期间，不仅家庭收入下降，而且直接导致家庭支出的增加，两者变化形成了明显的剪刀差，给家庭的正常生活造成影响。详见图4-3。

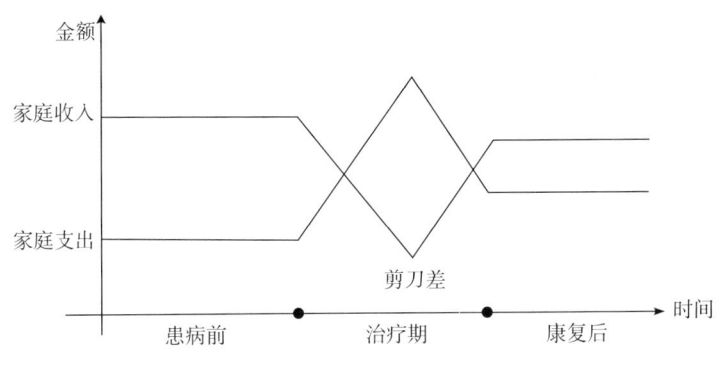

图4-3 医疗费用支出对家庭的影响

大众对重疾险的关注点

动因

大家保险集团《2020中国家庭保险需求调查报告》显示，人们购买保险的主要动因是防范家庭风险。在购买保险的主要动因调查中，排在前两名的分别是"防范意外或不幸时家庭陷入困境"和"担心重疾产生的大额医疗费用"，占比分别为70.0%和67.7%。详见图4-4。

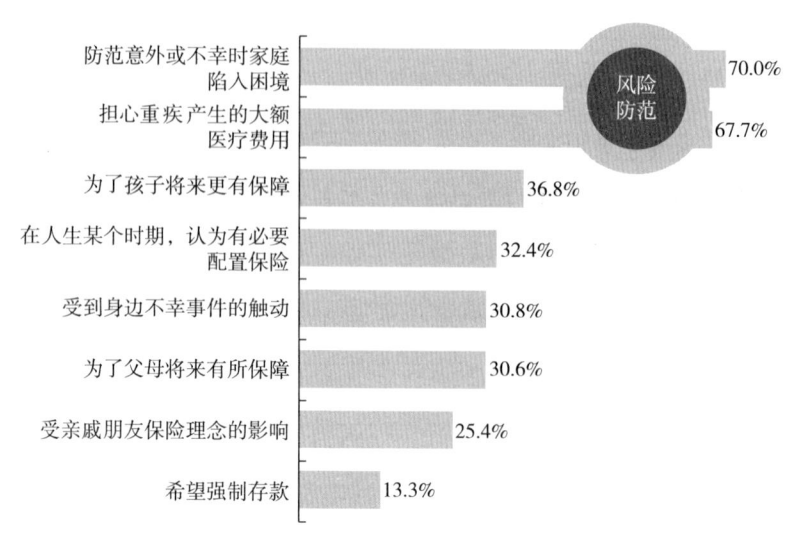

购买动因	比例
防范意外或不幸时家庭陷入困境	70.0%
担心重疾产生的大额医疗费用	67.7%
为了孩子将来更有保障	36.8%
在人生某个时期，认为有必要配置保险	32.4%
受到身边不幸事件的触动	30.8%
为了父母将来有所保障	30.6%
受亲戚朋友保险理念的影响	25.4%
希望强制存款	13.3%

图4-4 购买保险的主要动因（$N=4\,480$）

资料来源：大家保险集团. 2020中国家庭保险需求调查报告. 2020。

意愿

瑞再研究院的研究显示，2021年有69%的受访者表示有购买商业保险的意愿，较2020年上升了10个百分点，并高于亚太区市场约26个百分点。详见图4-5。

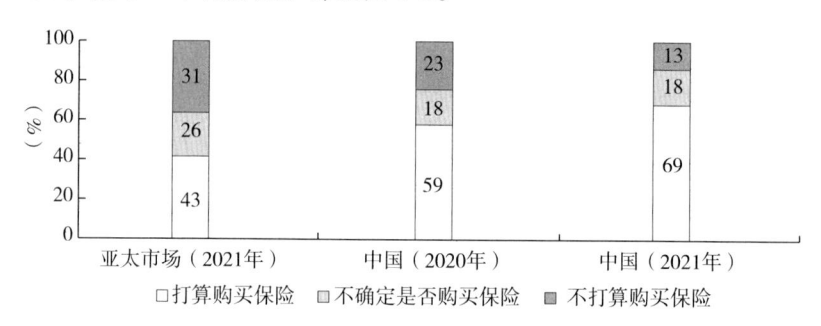

（%）	亚太市场（2021年）	中国（2020年）	中国（2021年）
打算购买保险	43	59	69
不确定是否购买保险	26	18	18
不打算购买保险	31	23	13

图4-5 购买商业保险意愿

资料来源：瑞再研究院。

重点考虑因素

瑞再研究院的研究显示，受访者选择购买保险产品时，首先考虑的是购买路径，超过70%的受访者选择网上购买，比例高过亚太市场；其次考虑的是价格，超过70%的受访者关注价格，这一点低于亚太市场；接下来考虑的是特殊的额外保障，关注的受访者也超过70%。详见图4-6。

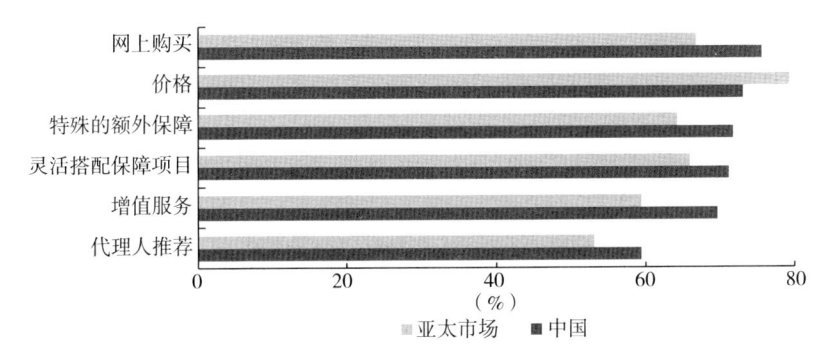

图4-6 受访者购买保险的考虑因素

资料来源：瑞再研究院。

优先配置重疾险

2020年新冠肺炎疫情暴发提升了社会大众的健康和风险意识，消费者开始认识到健康险保障的不足，并开始关注自己保险配置的重点。瑞再研究院的调查显示，48%的受访者认为重疾保障不足，56%的受访者打算优先配置重疾险，比寿险高22个百分点，但比医疗险低1个百分点。详见图4-7。

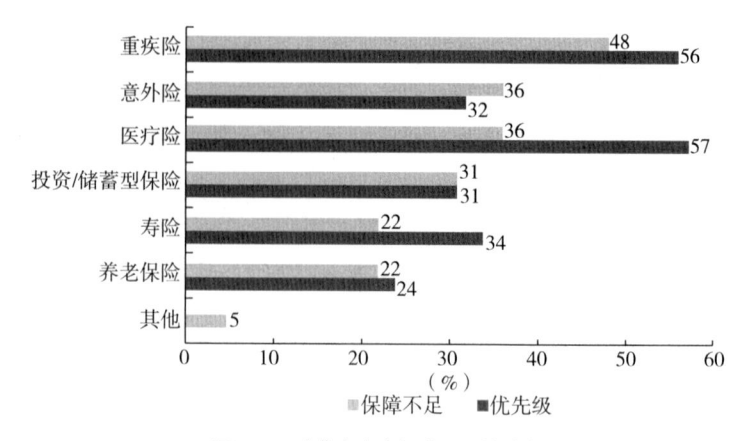

图 4-7 消费者考虑保险配置的重点

资料来源：瑞再研究院. 2021 年疫情后期中国消费者保险行为洞察分析. 2021。

北京大学汇丰商学院风险管理与保险研究中心和保险行销集团保险资讯研究发展中心联合发布的《2020 年中国保险中介市场生态白皮书》显示，新冠肺炎疫情推动了公众的保险意识，提高了公众对于保险的重视程度。新冠肺炎疫情防控期间，在各险种中，医疗险与重疾险最受客户青睐。详见图 4-8。

对购买重疾险的关注度

随着医学和医疗技术进步，各类恶性肿瘤及其他重疾检出率不断上升，恶性肿瘤等重疾的发病年龄也趋于年轻化，同时重疾医疗费用持续上涨，因此居民更加关注重疾险。瑞再研究院的研究报告显示，已经持有重疾险者对重疾险的关注度达到 91%（26%+65%），而未来打算购买重疾险者的关注度为 83%（19%+64%）。详见图 4-9。

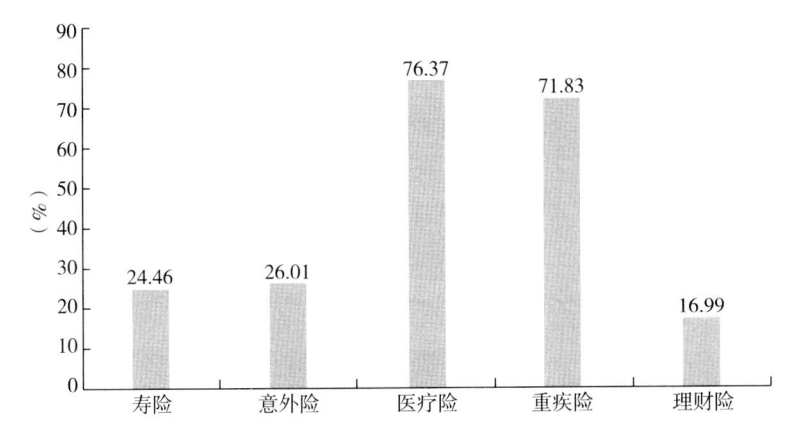

图 4-8　疫情防控期间客户对各类保险产品的青睐程度

资料来源：北京大学汇丰商学院风险管理与保险研究中心，保险行销集团保险资讯研究发展中心.2020 年中国保险中介市场生态白皮书.2020。

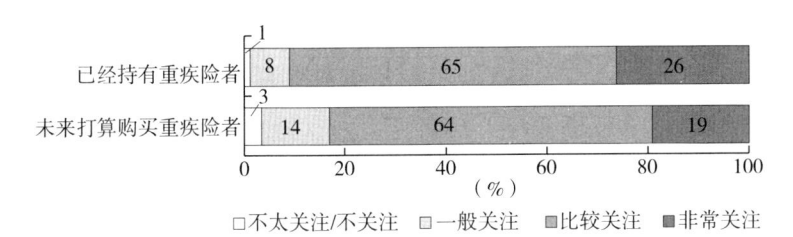

图 4-9　居民对购买重疾险的关注程度

资料来源：瑞再研究院.2020 年中国重疾险消费者调研.2020。

按年龄段区分

未来打算购买重疾险者，以 30～39 岁群体为主，占比达到 50%。这反映出此年龄段的群体对重疾险需求旺盛，但他们正处于家庭财富积累的早期阶段，收入有限，这也可能抑制了他们主动寻求保障的意愿。40～49 岁群体中，有 32% 的受访者打算购买重疾险。详见图 4-10。

已经持有重疾险者	24	37	31	8
未来打算购买重疾险者	11	50	32	7

□20~29岁　□30~39岁　■40~49岁　■50岁及以上

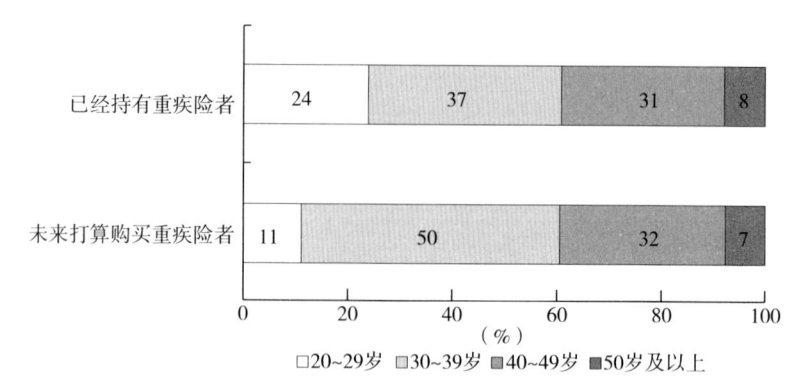

图4-10　不同年龄段居民对重疾险的关注度

资料来源：瑞再研究院. 2020年中国重疾险消费者调研. 2020。

按家庭收入

已经持有重疾险者中，76%的家庭收入为20万~59万元。大多数重疾险持有者家庭属于中产。在未来打算购买重疾险者中，47%的家庭收入为20万~39万元，29%的家庭收入为40万~59万元。详见图4-11。

已经持有重疾险者	4	40	36	13	6
未来打算购买重疾险者	3	47	29	17	4

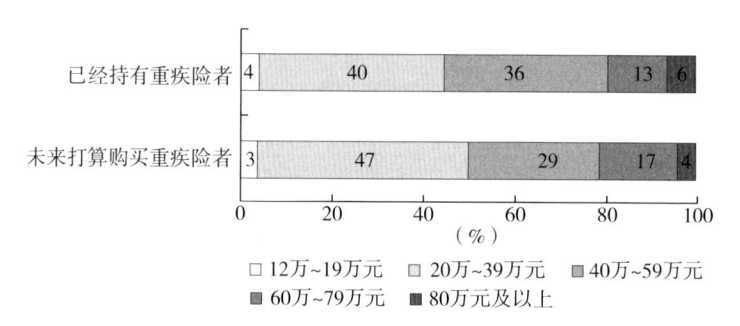

□12万~19万元　□20万~39万元　□40万~59万元
■60万~79万元　■80万元及以上

图4-11　不同收入家庭对重疾险的关注度

资料来源：瑞再研究院. 2020年中国重疾险消费者调研. 2020。

按家庭结构

已经持有重疾险者77%为已婚有孩的家庭。未来打算购买重疾险者中有87%为已婚有孩的家庭。这两组数据充分反映出重疾险在家庭保障中的作用。详见图4-12。

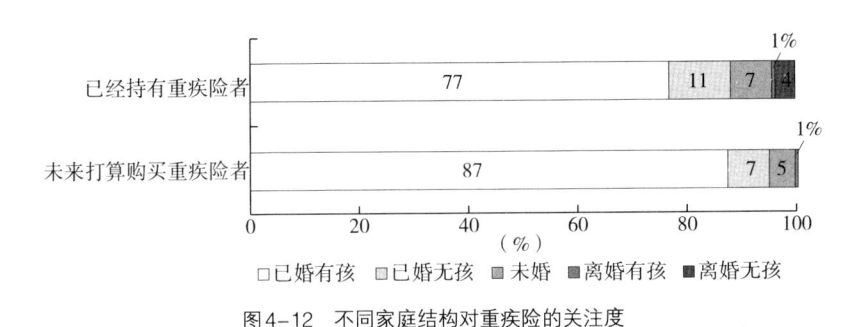

图4-12 不同家庭结构对重疾险的关注度

资料来源：瑞再研究院.2020年中国重疾险消费者调研.2020。

关注保险产品

调查显示，2021年，71%的中国消费者表示近期搜索过保险产品，48%的消费者在6个月内购买了保险产品，是亚太市场的最高水平（亚太市场平均为29%），这与新冠肺炎疫情有一定关联性，即新冠肺炎疫情存在时间越长，消费者关注健康风险的时间越长，加强保障的意愿越强。详见图4-13。

保险公司与消费者互动

瑞再研究院的调查显示，2021年82%的中国消费者在6个月内曾被保险公司联系过，相比2020年提升了7个百分点，并且

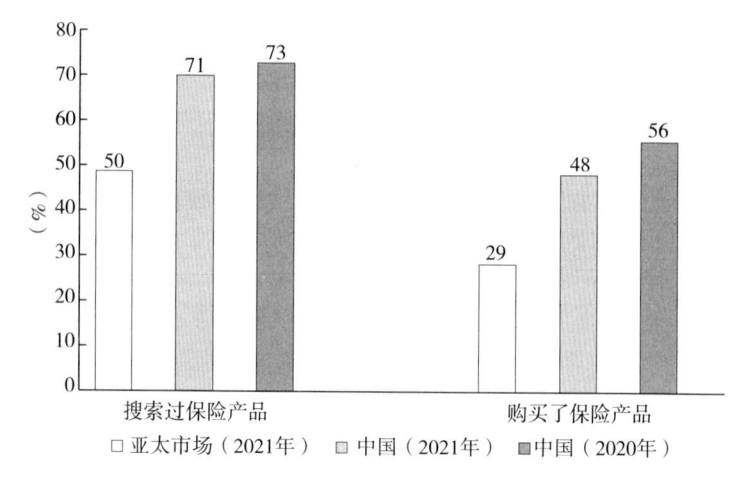

图 4-13 消费者对保险产品的帮助

资料来源：瑞再研究院。

显著高于亚太市场的平均水平（60%）。2021年高达78%的消费者近期主动联系过保险公司，也显著高于亚太市场的平均水平（54%）。这显示了，保险公司在新冠肺炎疫情发生后积极展业，消费者更加主动寻求保险。详见图4-14。

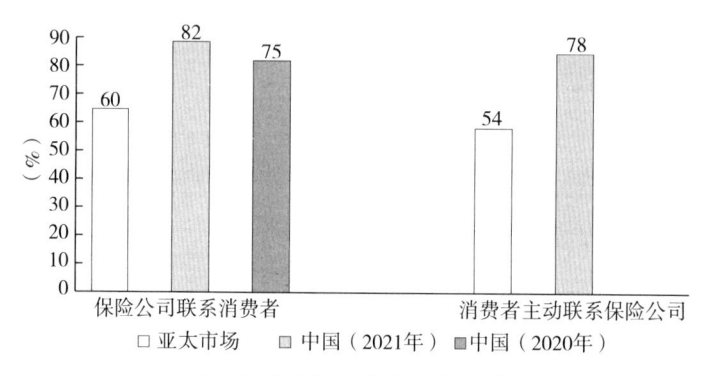

图 4-14 保险公司与消费者的互动情况

注：关于 2020 年中国消费者主动联系保险公司的数据，资料来源中未体现。

资料来源：瑞再研究院。

客户对重疾险的需求

已购买者的加保需求

瑞再研究院的研究显示,已经购买重疾险的客户认为现有保单的保额无法满足个人和家庭的整体保障需求,普遍希望未来给自己或父母加保。按年龄和按城市综合来看,预期的保额为24万~28万元,预期的年交保费为5 500~6 500元。详见图4-15。

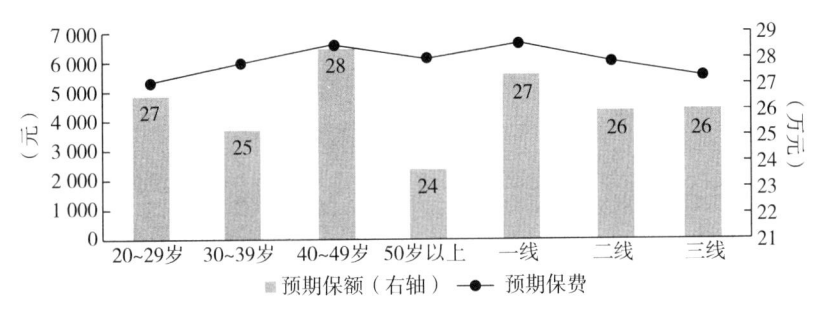

图4-15 已购买重疾险客户的加保需求

资料来源:瑞再研究院。

未购买者的新投保需求

瑞再研究院的调查显示,按年龄看,未购买者预期保额为49万~56万元,预期年交保费为8 000元左右。按城市看,一线、二线、三线城市未购买者预期保额为54万~56万元,预期年交保费为8 000~10 000元。详见图4-16。

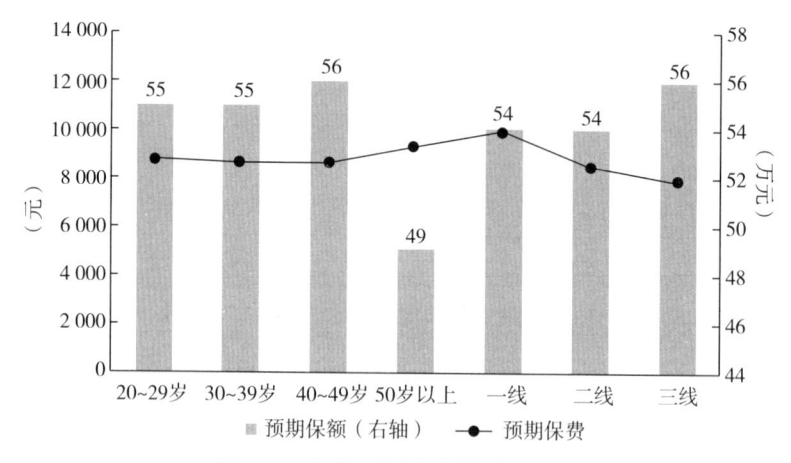

图4-16 未购买重疾险者的新投保需求

资料来源：瑞再研究院。

对保障病种的需求

调查显示，不论是加保和新投保群体希望所涵盖的疾病种类在现有重疾险产品中均已涵盖，唯一提到的精神疾病在现有产品中保障不足，说明新冠肺炎疫情之后，人们对心理健康的关注也在提升。详见图4-17。

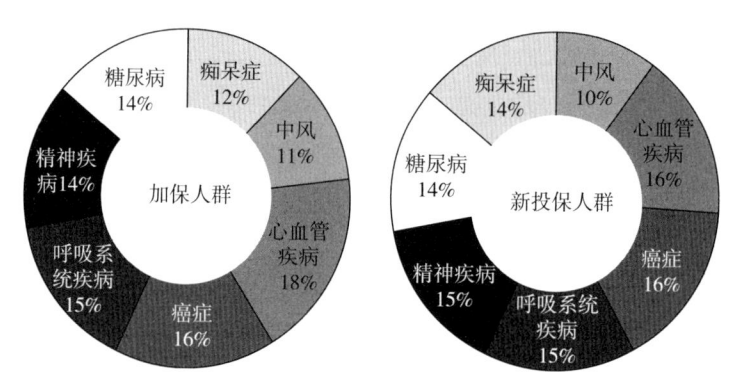

图4-17 对保障病种的需求

对心理健康类保险产品的需求

瑞再研究院的调查显示,中国消费者对心理健康类保险产品的接受程度高达95%,而且53%的消费者态度非常开放,高出亚太市场平均水平10个百分点。在这些持开放态度的消费者中,电话、在线辅导、视频、面对面咨询等方式是比较受欢迎的心理健康服务。详见图4-18。

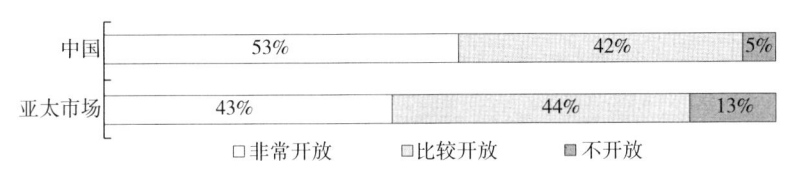

	非常开放	比较开放	不开放
中国	53%	42%	5%
亚太市场	43%	44%	13%

图4-18 对心理健康类保险产品的需求

资料来源:瑞再研究院。

对提供服务的期望

不论是已经购买重疾险并准备加保的群体,还是打算购买重疾险的新投保群体,希望保险公司提供的服务类型几乎没有差异。排在首位的都是希望保险公司提供医疗机构/专家门诊就诊/住院安排等增值服务。排在第二和第三位的都是健康教育知识讲解和老年专属服务,但两者的排位顺序不同。详见表4-2。

表4-2 对提供服务的期望

增值服务	加保群体排名	新投保群体排名
医疗机构/专家门诊就诊/住院安排	1	1
健康教育知识讲解	2	3
老年专属服务	3	2

续表

增值服务	加保群体排名	新投保群体排名
电话/在线问诊	4	4
生活方式建议	5	5
海外二次诊疗意见	6	6
运动奖励	7	7

产品改进方向

在现有产品改进方向上，消费者最关注的是业务处理流程/赔付快速和条款灵活，均为60%左右。有50%左右的受访者重视线上处理保单事项，关注定制化健康建议的有48%。详见图4-19。

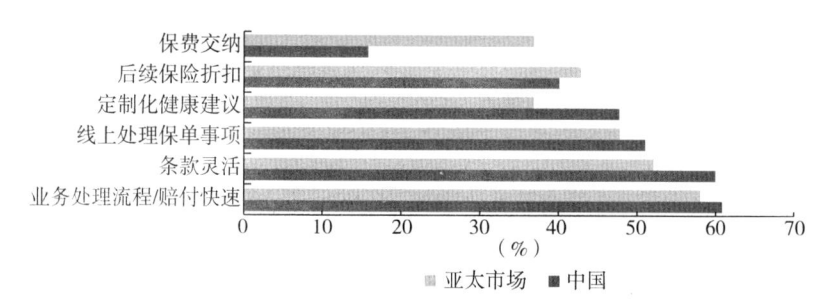

图4-19 对保险产品未来改进方向的期待

资料来源：瑞再研究院。

客户购买重疾险的偏好

预算偏好

调查显示，在对不同险种的预算分配方面，消费者对重疾险的计划保费预算最高,达35%,高于终身寿险(21%)以及投资储蓄型保险(19%)。详见图4-20。

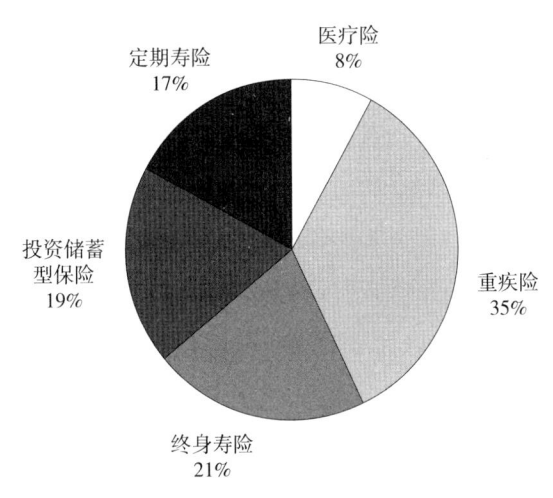

图4-20 消费者对不同险种的保费预算

资料来源:瑞再研究院.2020年中国重疾险消费者调研.2020。

选择偏好

在选择保险的考虑因素方面,整体偏好排在第一位的是保险期间,其次是保额。但在不同的城市有所不同:二、三线城市消费者仍将保险期间作为第一选择,而一线城市消费者则将保额作为第一选择。这可能是不同城市医疗和消费水平不同导致的。详见表4-3。

表4-3 购买保险的偏好排名

考虑因素	整体偏好排名	一线城市偏好排名	二线城市偏好排名	三线城市偏好排名
保险期间	1	2	1	1
保额	2	1	2	2

第4章 客户对重疾险的需求

续表

考虑因素	整体偏好排名	一线城市偏好排名	二线城市偏好排名	三线城市偏好排名
保险责任	3	3	3	4
年交保费	4	6	4	3
赔付次数	5	4	6	5
交费期限	6	5	5	6

渠道偏好

已购买者

在已购买重疾险的客户中，80%偏好从保险营销员/保险经纪代理人处购买。未来计划购买者中，近50%也偏好选择保险营销员/保险经纪代理人。详见图4-21。

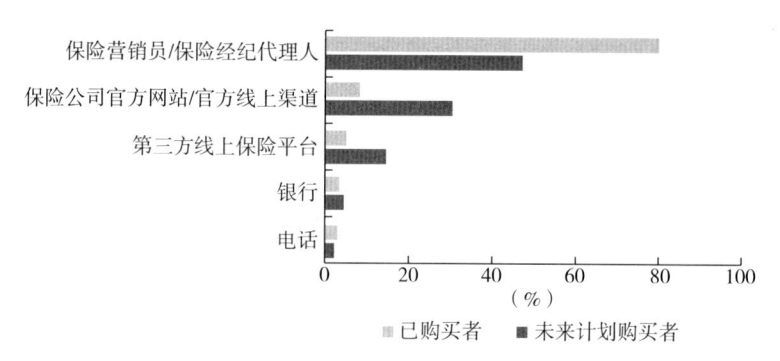

图4-21 已购买者与未来计划购买者渠道偏好比较

新购买者

在新购买者中，近40%偏好选择保险营销员/保险经纪代理人，超30%偏好选择保险公司官方网站/官方线上渠道。在加保客户中，近50%偏好选择保险营销员/保险经纪代理人，超30%偏好选择保险公司官方网站和官方线上渠道。详见图4-22。

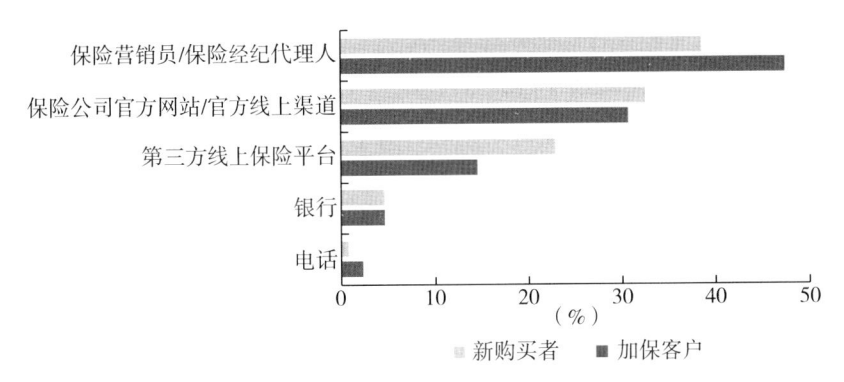

图4-22 新购买者与加保客户的渠道偏好比较

大家保险集团发布的《2020中国家庭保险需求调查报告》也显示，52.4%的购买者是通过保险公司代理人渠道，35.8%的购买者是通过保险公司互联网渠道。详见图4-23。

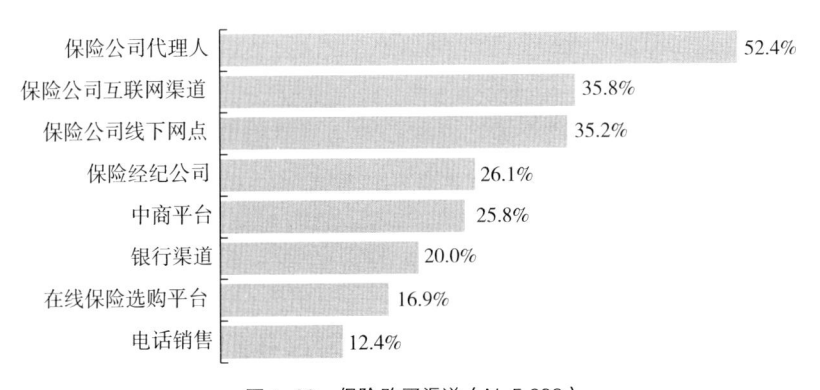

图4-23 保险购买渠道（N=5 600）

资料来源：大家保险集团. 2020中国家庭保险需求调查报告. 2020。

产品偏好

研究显示，在保险产品偏好上，41%的消费者偏好保障范围广，高于亚太市场平均水平。在赔付比例高、保障期限长、固定交费方面的偏好，均低于亚太市场平均水平。详见图4-24。

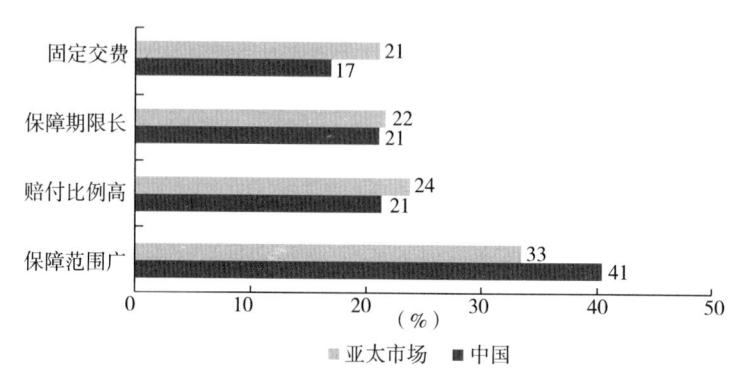

图4-24 消费者对保险产品的选择偏好

资料来源：瑞再研究院。

保障责任偏好

在选择重疾险保障责任方面，偏好身故赔付和轻症赔付责任的达到80%，偏好返还保费责任的达到49%。详见图4-25。

保障期限偏好

在保障期限方面，消费者普遍偏好终身重疾险和保障至70岁的定期重疾险，而对保障期限最短的20年定期重疾险接受度最低。详见图4-26。

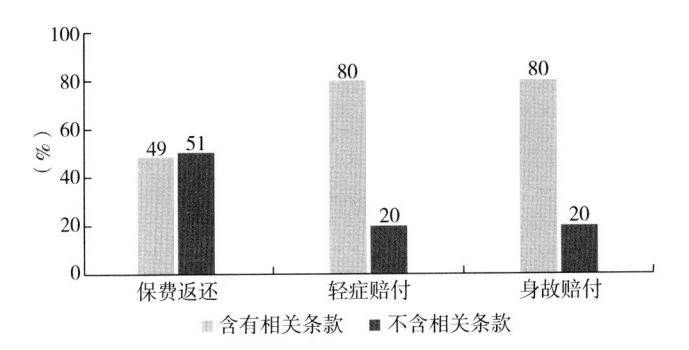

图4-25 重疾险保障责任偏好

资料来源：瑞再研究院.2020年中国重疾险消费者调研.2020。

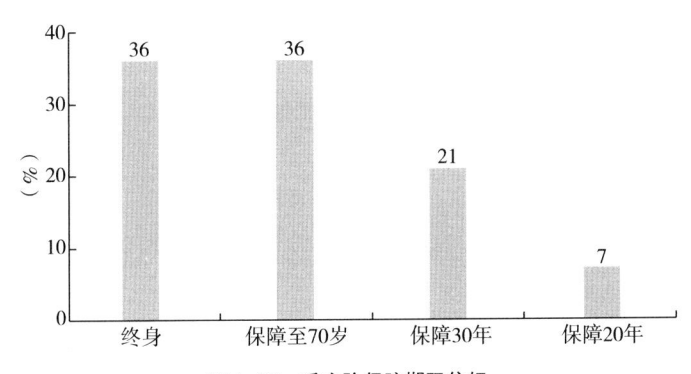

图4-26 重疾险保障期限偏好

第4章 客户对重疾险的需求

第 5 章
政策解读及发展趋势研判

关键词：

国家战略、监管政策、市场潜力、发展趋势、销售领域、市场发展、前景重疾险属于健康险中的一个险种，而且从国内外实际的发展情况看，也是健康险中最主要的险种。重疾险的发展前景主要取决于国家健康发展战略、社会医疗保障程度、监管部门的政策导向以及保险公司的经营策略。从中共中央、国务院发布的《"健康中国2030"规划纲要》，到国务院发布的《国务院关于实施健康中国行动的意见》，再到政府相关部门的深化医疗保障体系改革意见等一系列落实文件，以及保险监管部门出台的政策导向看，都利好我国商业健康险的发展，利好重疾险的发展。

"健康中国战略"的直接影响

一个国家商业健康险的发展与国家医疗保障体系建设、国民健康发展战略息息相关。商业健康险作为国家医疗保障的补充部分，所承担的责任和任务完全取决于在国家医疗保障体系建设中的地位和扮演的角色。近年来，随着"以民为本"指导思想的落地，我国也在重塑整个国家医疗保障体系建设，其中明确提出商业健康险在国家医疗保障体系建设中的地位和作用，为商业健康险发展提供了广阔的前景。

《"健康中国2030"规划纲要》

2016年，中共中央、国务院印发的《"健康中国2030"规划纲要》（以下简称"健康中国"）明确提出到2030年我国国民健康事业发展规划和未来一段时间的具体任务和目标。

第七章第一节提到防治重大疾病，实施慢性病综合防控战略，加强国家慢性病综合防控示范区建设。强化慢性病筛查和早期发现，针对高发地区重点癌症开展早诊早治工作，推动癌症、脑卒中、冠心病等慢性病的机会性筛查。基本实现高血压、糖尿病患者管理干预全覆盖，逐步将符合条件的癌症、脑卒中等重大慢性病早诊早治适宜技术纳入诊疗常规。加强学生近视、肥胖等常见病防治。到2030年，实现全人群、全生命周期的慢性病健康管理，总体癌症5年生存率提高15%。

第十一章第三节明确提出要积极发展商业健康险，落实税收等优惠政策，鼓励企业、个人参加商业健康险及多种形式的补充保险。丰富健康险产品，鼓励开发与健康管理服务相关的健康险产品。

第三章明确提出到2030年要实现以下目标：

人均预期寿命（岁）

2015年：76.34，2020年：77.3，2030年：79.0。

重大慢性病过早死亡率（%）

2015年：19.1（2013年），2020年：比2015年降低10%，2030年：比2015年降低30%。

个人卫生支出占卫生总费用的比重（%）

2015年：29.3，2020年：28左右，2030年：25左右。

提高人均寿命、降低重大慢性疾病死亡率、降低个人卫生支出占卫生总费用的比重对商业健康险的发展，对重疾险的发展都将产生直接的积极影响。

"健康中国行动"

2016年8月，习近平总书记在全国卫生与健康大会上发表重要讲话，提出"要把人民健康放在优先发展的战略地位""推动全民健身和全民健康深度融合""为老年人提供连续的健康管理服务和医疗服务""把以治病为中心转变为以人民健康为中心"。

2017年10月18日，习近平总书记在十九大报告中提出实施健康中国战略，指出人民健康是民族昌盛和国家富强的重要标志，要完善国民健康政策，为人民群众提供全方位、全周期的健康服务。

2019年7月，国务院印发《国务院关于实施健康中国行动的意见》(以下简称"健康中国行动"),成立健康中国行动推进委员会,出台《健康中国行动组织实施和考核方案》。

至此,"健康中国"已经上升至国家战略。

《国务院关于实施健康中国行动的意见》

2019年6月24日,国务院印发《国务院关于实施健康中国行动的意见》,明确提出实施健康中国行动的主要任务。其中在防控重大疾病中,明确提出具体的行动任务和要求:

实施心脑血管疾病防治行动。心脑血管疾病是我国居民第一位死亡原因。引导居民学习掌握心肺复苏等自救互救知识技能。对高危人群和患者开展生活方式指导。全面落实35岁以上人群首诊测血压制度,加强高血压、高血糖、血脂异常的规范管理。提高院前急救、静脉溶栓、动脉取栓等应急处置能力。到2022年和2030年,心脑血管疾病死亡率分别下降到209.7/10万及以下和190.7/10万及以下。

实施癌症防治行动。癌症严重影响人民健康。倡导积极预防癌症,推进早筛查、早诊断、早治疗,降低癌症发病率和死亡率,提高患者生存质量。有序扩大癌症筛查范围。推广应用常见癌症诊疗规范。提升中西部地区及基层癌症诊疗能力。加强癌症防治科技攻关。加快临床急需药物审评审批。到2022年和2030年,总体癌症5年生存率分别不低于43.3%和46.6%。

实施慢性呼吸系统疾病防治行动。慢性呼吸系统疾病严重影响患者生活质量。引导重点人群早期发现疾病，控制危险因素，预防疾病发生发展。探索高危人群首诊测量肺功能、40岁及以上人群体检测肺功能。加强慢阻肺患者健康管理，提高基层医疗卫生机构肺功能检查能力。到2022年和2030年，70岁及以下人群慢性呼吸系统疾病死亡率下降到9/10万及以下和8.1/10万及以下。

深化医疗保障制度改革

2020年3月5日，《中共中央 国务院关于深化医疗保障制度改革的意见》印发，改革发展目标部分提出："到2030年，全面建成以基本医疗保险为主体，医疗救助为托底，补充医疗保险、商业健康保险、慈善捐赠、医疗互助共同发展的医疗保障制度体系"，进一步明确了商业健康保险在国家医疗保障制度体系建设中的定位，也为商业健康保险未来的发展指明了方向。在商业健康保险中，重疾险是重中之重，因此，重疾险未来的发展必然要成为社会医疗保障体系重要的补充部分。

多部委联合发文

2020年1月23日，银保监会联合发展改革委、财政部、人力资源和社会保障部、卫生健康委、医保局等13个部门印发了《关于促进社会服务领域商业保险发展的意见》（银保监发〔2020〕4号），要求完善健康保险产品和服务，鼓励保险机构适应消费者需求，提供综合性健康保险产品和服务。研究扩大税优健康保险产品范围，鼓励保险机构提供医疗、疾病、照护、生育等综合保障服务。

国务院听取人身险专题汇报

2020年12月9日召开的国务院常务会议，听取了银保监会关于人身险发展的专题汇报，部署促进人身险扩面提质稳健发展的措施，明确要求人身险行业：一是加快发展商业健康保险；二是将商业养老保险纳入养老保障第三支柱加快建设，三是提升保险资金长期投资能力。

我国保险业发展40年，国务院多次听取保险行业汇报，而听取人身险专题汇报，这是40年的第一次。充分体现了国家对人身险行业未来发展方向的高度重视。国务院以往对保险业提出的都是宏观的发展意见，如发挥保险补偿作用、回归保险保障等，而这次明确提出了3项具体业务发展意见：加快商业健康险、商业养老保险建设，提升长期投资能力，表明国家对保险行业已经从宏观管理走向具体业务发展方向的管理。大量的事实说明，在我国，只要是政府重视的事项，就一定会出台相应的政策促进、支持该事项的发展。未来一段时间，政府会陆续出台相关的政策促进商业健康保险的快速发展，最大的受惠产品一定是重疾险。

"健康中国战略"对重疾险发展的影响：推动癌症、脑卒中、冠心病等慢性病的机会性筛查，将导致重疾险发病率的提升；人均预期寿命的提升和重大慢性病过早死亡率的降低，可能会形成重疾险长尾风险；个人卫生支出占卫生总费用的比重下降，人们更有条件提早检查身体，会进一步提升重大疾病的暴露概率；深化医疗保障制度改革，将健康险纳入国家医疗保障体系建设，重疾险将是最大的受益者；多部委联合发文出台一系列政策，健康险政策体系会更加完善，促进重疾险持续健康发展。

监管政策的导向

近几年我国保险业监管也正在发生变化。不仅明确提出保险业要从规模发展走向高质量发展，而且从保险公司的职能定位、主要任务等方面基本完成了顶层设计，及时修订重要的管理制度，为未来商业健康险发展指明了方向。

对保险公司的定位

2020年1月3日，银保监会等13个部委联合发布了《关于推动银行业和保险业高质量发展的指导意见》（银保监发〔2019〕52号），不仅提出了银行保险业高质量发展的指导性意见，而且还明确了各种金融机构的定位，其中对保险机构的具体内容主要有以下四方面。

一是明确了保险职能，"强化风险保障功能，回归风险保障本源，发挥经济'减震器'和社会'稳定器'作用，更好地为经济社会发展提供风险保障和长期稳定资金"。

二是明确了保险公司主要业务，"（1）加强养老保险第三支柱建设，鼓励保险机构发展满足消费者终身、长期领取需求的多样化养老保险产品。（2）鼓励保险机构提供包括医疗、疾病、康复、照护、生育等，覆盖群众生命周期、满足不同收入群体需要的健康保险产品"。

三是明确了"支持银行、信托等开发养老型储蓄和理财产品"，提出了我国养老保险体系建设的新思路。

四是明确了"支持银行保险机构针对家政、托幼、教育、文化、旅游、体育等领域消费需求，开发专属信贷和保险产品"。

修订《健康保险管理办法》

2019年11月，银保监会发布修订后的《健康保险管理办法》，结合国务院的新要求和未来健康险发展方向，修订后的管理办法，明确提出对我国健康险发展的新要求。

坚持保险姓保

明确医疗保险、疾病保险和医疗意外保险不得包含生存保险责任，护理保险只能以生活障碍引发的护理需求作为赔付条件。

规范销售及消费者权益保护

要求保险公司不得强制搭配其他产品销售，不得诱导重复购买保障功能相同或其他类似的费用补偿型医疗保险产品。并要求保险公司不得非法收集或要求投保人提供除家族病史之外的遗传信息或基因检测资料。

费率市场化改革要求

明确长期医疗保险可以进行费率调整，进一步放松短期个人健康险费率浮动的相关表述，将定价权交给市场。

鼓励发展健康管理业务

对健康管理的主要内容进行了专门阐述，同时指出保险公司可以把健康服务纳入健康险合同（包含在保险合同中的健康管理费用不得超过净保费的20%），也可以单独列示。鼓励保险公司在医保合作中参与医疗控费。

鼓励保险公司在健康险业务中积极运用新技术

鼓励保险公司在理赔过程中运用数字化技术，提升效率；鼓励保险公司与医疗机构、医保部门实现信息对接和数据共享。

修订重疾定义

2020年11月5日，中国保险行业协会发布新规范，并自2021年2月1日起正式使用。新规范关于重疾定义的修订主要包括以下三大方面。

一是优化分类，建立重疾分级体系，首次将恶性肿瘤、急性心肌梗死、脑卒中后遗症3种核心疾病，按照严重程度分为重度疾病和轻度疾病两级。通过科学分级，一方面充分适应了医学诊疗技术发展，将部分过去属于重症疾病，但目前诊疗费用较低、愈后良好的疾病明确为轻症疾病，使赔付标准更加科学合理；另一方面，也适应重疾险市场发展实际情况，对目前市场较为普遍的轻症疾病制定明确的行业标准，规范市场行为。

二是增加病种数量，适度扩展保障范围。基于重疾评估模型，量化评估重大程度，并结合定义规范性和可操作性，将原有25种重疾定义完善扩展为28种重度疾病和3种轻度疾病。

三是扩展疾病定义范围，优化定义内涵。根据最新医学进展，扩展对重大器官移植术、冠状动脉搭桥术、心脏瓣膜手术、主动脉手术等8种疾病的保障范围，完善优化了严重慢性肾衰竭等7种疾病定义。对消费者而言，新规范将有助于消费者获得更加科学合理的保障。

新规范对重疾险未来发展将产生以下四方面的积极影响。

一是保障范围进一步扩展。在原规范范围的基础上，新增了严重慢性呼吸衰竭、严重克罗恩病、严重溃疡性结肠炎3种重度疾病；同时，对恶性肿瘤、急性心肌梗死、脑卒中后遗症3种核心重疾病种进行科学分级，新增了对应的3种轻度疾病的定义，扩展了保障范围。

二是赔付条件更为科学合理。根据最新医学实践，放宽了部分定义条目赔付条件，如对心脏瓣膜手术，取消了原规范规定的必须"实施了开胸"这一限定条件，代之以"实施了切开心脏"这一条件，切实提升了消费者的保障权益。

三是引用标准更加客观权威。尽可能采用可以量化的客观标准或公认标准，减少主观判断，使对重疾的认定更清晰、透明。如对恶性肿瘤分级，原规范仅参考了世界卫生组织（WHO）《疾病和有关健康问题的国际统计分类》（ICD）的恶性肿瘤类别，新规范在原规范的基础上，引入了WHO《国际疾病分类肿瘤学专辑》（第三版）（ICD-O-3）的肿瘤形态学标准，使定义更加准确规范，最大程度地避免了可能出现的理赔争议和理解歧义。

四是描述更加规范统一。如在人体损伤标准相关内容上，对原规范中"肢体功能完全丧失"的表述，修改为行业标准《人身保险伤残评定标准及代码》（JR/T 0083-2013）中"肌力"的相关表述，描述更权威，更统一，消除广大消费者对于重疾定义在人体损伤标准方面与伤残标准描述不一致的困扰。

巨大的市场发展潜力

我国是全世界最大的人身险市场，也是一个刚刚开始开发的商业人身险市场。在人们生活富裕后，更加关注的是健康和长寿。特别是新冠肺炎疫情更是深化了人们对健康的重视，对重疾险的重视。相关部门不仅制定了商业健康险短期发展目标，行业内相关机构和专业人士也对我国重疾险未来发展的潜力做出多方面的预测。

短期目标

2020年1月23日，银保监会等13个部门联合发文《关于促进社会服务领域商业保险发展的意见》，其中明确提出："力争到2025年，商业健康保险市场规模超过2万亿元，成为中国特色医疗保障体系的重要组成部分"。

从2019年的7 066亿元到2025年的2万亿元，年均增长要接近20%。2019年重疾险保费占健康险原保费收入比重64%。理论上，重疾险保费在健康险保费中的占比在未来5年会继续提升。因为在我国健康险五大类产品中，当前主要是重疾险和医疗险，未来5年仍将是这样的格局。护理保险、残疾收入给付保险、医疗意外保险短期内都不具备大力发展的条件。重疾险是长期险，续期保费具有滚存性，未来5年，重疾险规模保费会"越滚越多"。如果未来5年重疾险占健康险比重以75%～80%计，要实现健康险2万亿元规模保费的目标，重疾险的保费规模在1.5万亿～1.8万亿元。

保障覆盖潜力

新版重疾表显示，截至2018年年底，我国重疾险有效单合计2.18亿件，被保险人数1.68亿，重疾险人口覆盖率达12%。

重疾险就是现代死亡保险。如果以重疾险已经覆盖12%计，未来有巨大的上升空间。翻1倍就是3.3亿人，翻2倍就是5亿人。如果以"现代死亡保险"来计，达到日本、韩国、中国台湾、美国等发达国家和地区寿险70%～120%的覆盖面，则发展的空间更加巨大。传统寿险与重疾险比较详见表5-1。

表5-1 传统寿险与重疾险比较

	传统寿险	重疾险
保障目的	提供经济保障	提供经济保障
给付条件	死亡	确诊重疾
给付对象	受益人	被保险人
给付金额	保险金额	保险金额
给付方式	定额给付	定额给付

保障程度潜力

华泰证券研究报告基于平均保额对重疾险未来的发展潜力做了预测：现有重疾险保单的平均保额仅为13万元，但根据中国精算师协会研究，重疾平均医疗费用在10万~80万元（还不包括重大疾病发生时潜在的收入损失）。如果以平均费用45万元计，目前的保障程度只有28.9%。如果达到现有医疗费用的60%~70%，即平均保额达到25万元左右，最起码还有1倍的增长空间。以2020年重疾险首年保费1 043亿元计算，在新单保单件数不增加的情况下首年保费要达到2 100亿元以上。

华泰证券研究报告分别给出中性、乐观和悲观3种假设。

中性情形假设：假设仍保持2011—2018年7%的年复合增长率，重疾险件均保额从7万元提升到17万元，件均保额将从2018年的17万元增加到2025年的27万元。

乐观情形假设：如果达到9.5%的年复合增长率，到2025

年，件均保额将增加15万元，增至32万元。

悲观情形假设：如果只有4%的年复合增长率，到2025年件均保额增幅仅为5万元，增至22万元。

保费增长潜力

根据华泰证券研究报告，假设2021—2025年保单数量的年复合降幅为4%，那么，中性情形下，新单保费年复合增长率为9%，总保费年复合增长率为14%；乐观情形下，新单保费年复合增长率为11%，总保费年复合增长率为15%；悲观情形下，新单保费年复合增长率为6%，总保费年复合增长率为13%。详见图5-1和图5-2。

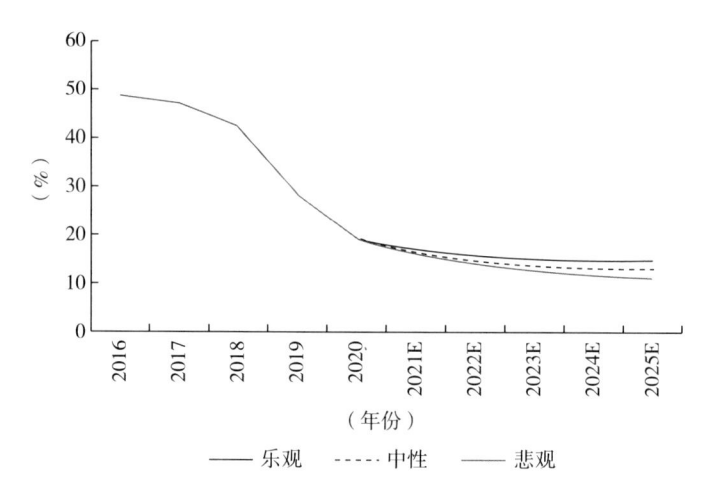

图5-1 重疾险新单保费同比增速情景预测

资料来源：中再寿险，华经产业研究院，银保监会，中国保险行业协会，华泰研究。

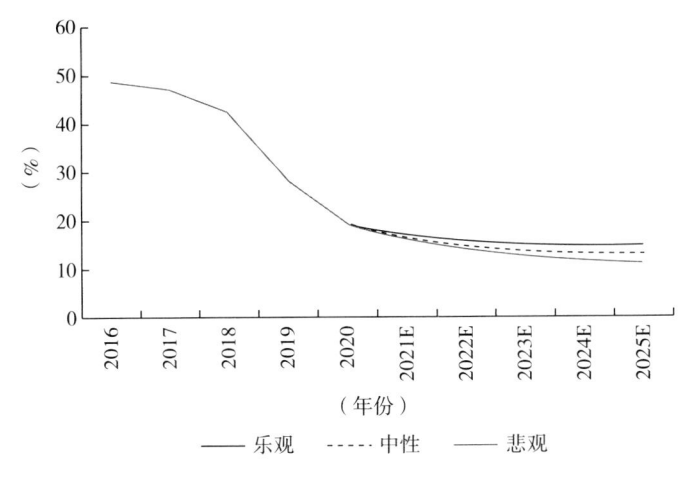

图5-2 重疾险总保费同比增速情景预测

资料来源：中再寿险，华经产业研究院，银保监会，中国保险行业协会，华泰研究。

保费规模潜力

根据华泰证券研究所报告，假设2021—2025年保单数量的年复合增长率降幅为4%，那么，中性情形预计重疾险新单保费将由2020年的1 043亿元发展到2025年的1 598亿元；总保费将由2020年的4 904亿元发展到2025年的9 482亿元。详见表5-2。

表5-2 重疾总保费增长的中性情形假设

	2015	2016	2017	2018	2019E	2020E	2021E	2022E	2023E	2024E	2025E
新单件数（百万）	21.0	29.0	40.0	43.0	39.8	33.7	31.3	29.8	28.9	28.3	28.0
同比增速（%）		38.1	37.9	7.5	−7.3	−15.5	−7.0	−5.0	−3.0	−2.0	−1.0
件均保额（千元）	110.0	140.0	155.0	170.0	181.9	194.6	208.3	222.8	238.4	255.1	273.0

续表

	2015	2016	2017	2018	2019E	2020E	2021E	2022E	2023E	2024E	2025E
同比增速（%）		27.3	10.7	9.7	7.0	7.0	7.0	7.0	7.0	7.0	7.0
件均保费（元）	1 714.3	2 013.8	2 042.5	2 469.8	2 763.1	3 097.7	3 480.7	3 920.9	4 429.2	5 018.9	5 707.1
同比增速（%）		17.5	1.4	20.9	11.9	12.1	12.4	12.6	13.0	13.3	13.7
重疾新单保费（十亿元）	36.0	58.4	81.7	106.2	110.1	104.3	109.0	116.7	127.9	142.0	159.8
同比增速（%）		62.2	39.9	30.0	3.7	-5.2	4.5	7.0	9.6	11.0	12.6
重疾总保费（十亿元）	102.7	152.8	224.5	319.8	410.7	490.4	570.0	652.5	741.2	838.7	948.2
同比增速（%）			48.8	46.9	42.4	28.4	19.4	16.2	14.5	13.6	13.2	13.1

注：2019—2020年总重疾险保费数据为实际数据。
资料来源：中再寿险，银保监会，华经产业研究院，中国保险行业协会，华泰研究。

发展趋势研判

重疾险产品的特性决定它未来仍将是健康险的主流产品，随着重疾险业务的发展，在新重疾定义的指导下，针对不同细分市场的重疾险产品保障责任也必将更加丰富。

仍将是主流产品

重疾险与医疗险、普通寿险相比，具有以下特点。

给付条件更容易为客户接受

重疾险是以被保险人初次确诊罹患保单上载明的疾病为保险金给付条件，而一般寿险产品是以被保险人的死亡、伤残证明或实际的医疗费用开支凭证作为给付条件。重疾险这种"确诊即给付"的特点比死亡、伤残保险更易让客户所接受。因为这种"确诊即给付"并不限于疾病所需的高额医疗花费，更缓解了罹患疾病给个人和家庭所带来的财务压力，如康复费用、失能所需的护理费用、家庭收入中断等，更能解决重疾患者的实际困难。

受惠者更符合投保人意愿

重疾险的给付对象为被保险人本人，更符合"为自己保险"的现代保险理念。普通寿险死亡保险受惠者是受益人，属于"为他人保险"的传统保险理念。太平人寿2020年对代理人开展调研，在收回的3 290份问卷中，75.74%的消费者看中重疾险"确诊即给付"的功能，其次是"术后康复及收入补偿"功能占60.73%，"更优的治疗方案"功能占46.23%，"留一笔钱给家人"功能仅占7.84%。这说明"重疾险是为自己保险"在消费者内心占有重要位置。详见图5-3。

提供的保障更强

重疾险产品是一种定额给付型保险，适用于人寿保险中通行的定额给付原则，即在被保险人罹患保单约定的特定疾病或发生合同约定的情况时，保险公司不管被保险人实际支出的医疗费用多少，都要按照保单约定的金额给付保险金。而医疗保险属于补偿性保险，保险补偿不能超过被保险人实际支出的医疗费用。另

类别	百分比
留一笔钱给家人	7.84%
术后康复及收入补偿	60.73%
更优的治疗方案	46.23%
确诊即给付	75.74%

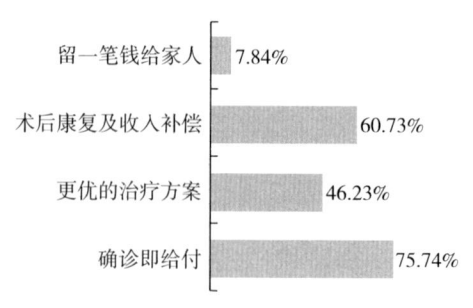

图5-3 消费者对重疾险的功能偏好

资料来源：太平人寿战略部。

外，按照监管部门对于健康险的五大分类（疾病险、医疗险、护理险、失能险、医疗意外险），重疾险是很特殊的一个险种，是以疾病确诊作为给付条件的险种；而其他几种是以疾病导致的特定风险（医疗费用、护理、失能）为保障标的的险种。重疾险在某种程度上内嵌了医疗险、护理险和失能险的功能。从这点上讲，重疾险对被保险人的保障更强。

属于长期保障产品

重疾险与普通寿险相同，都属于长期保障产品，可以选择定期甚至终身；可以采取多种交费方式，有利于客户获得长期保障，也有利于公司获得长期稳定的业务。而医疗险多是1年期到期再续保产品，不能为被保险人提供长期稳定的保险保障，也不能为公司提供长期稳定的业务保障。

仍将是支柱险种

健康险中的支柱险种

在健康险五大类险种中，重疾险无论是从覆盖人群，还是从保费收入都已经成为健康险中的支柱险种。未来一段时期内这种地位不会改变，必将延续甚至提升。

未来一段时期内，健康险中只有疾病险和医疗险具备发展的条件。在医疗险中，短期医疗险虽然也会增长，但与长期重疾险相比，没有"滚存效应"，因此随着业务的发展，重疾险占比会越来越高，必将在健康险中继续保持自己的支柱险种地位。

保障型中的支柱险种

在保障型四大类险种中（普通寿险、养老保险、健康险、意外伤害险）中，重疾险会随着国家相关政策以及监管导向，与养老保险、普通寿险共同发展，成为寿险行业的支柱险种。特别是随着人们健康风险意识的提高，重疾险可能逐步超过普通寿险，成为未来继养老保险之后的第二大险种。

能够实现多赢的产品

一个好的寿险产品要能够实现4个利益关联方的"多赢"。4个利益关联方是客户、销售人员、公司和股东。在同一类人身保险产品中，4个利益关联方的目的不同：客户追求的是保险保障；销售人员追求的是佣金收入；公司追求的是可支配费用；股东追求的是投资回报。所以，重疾险也是未来寿险公司不会放弃的险种。重疾险能够协调处理好4个利益关联方的不同追求，使其成为多赢的产品。

为客户提供最强保障的险种

重疾险属于纯保障型产品，但其保障程度远远大于寿险。同

第5章　政策解读及发展趋势研判　　133

样是定额给付型险种，重疾险是以"专科医生明确诊断"为给付条件，而且现在可以明确诊断的病种已经达百种，死亡保险则是以被保险人"死亡"为给付条件。如果说疾病是"因"，死亡是"果"，那么重疾险保障的是"因"，死亡保险保障的则是"果"。"果"只有一个，而"因"却多达百种以上，可以说是百种给付条件与一种给付条件的对决。所以，重疾险是目前提供给客户保障最强的险种。

为销售人员提供相对较高佣金的险种

保险销售人员以销售保单获取佣金为主要收入来源。佣金是保险产品销售的导向。销售佣金高（以绝对额计）的产品，销售人员获得的佣金额也高。

在保额相同的情况下，重疾险的保费水平低于养老保险，高于普通寿险，但重疾险的佣金率水平往往高于养老保险。因此，重疾险的佣金绝对额往往高于寿险，甚至高于养老保险，是销售人员的主要收入险种。所以，重疾险可以保证销售人员获得长期稳定收入。

为公司提供相对较高创费的险种

费用是保险公司从总部到基层机构的可支配资源。如果一个公司费用有结余，说明公司为股东创造利润（费差益）；如果费用超支，说明公司员工"花掉"了一部分股东的利润（费差损）。保险公司的可支配费用是在保单销售中获得的，即理论上产品设计中的"附加费用"（不包括佣金）。这部分费用被称为"创费"，属于公司通过销售业绩创造的可支配费用。

在保额相同的情况下，重疾险的保费水平低于养老保险，高于寿险，但监管部门允许重疾险产品设计的"附加费用率"却高于养老保险。因此，在通常情况下，重疾险能够提取的"创费"额也相对较高。"手中有粮，遇事不慌"同样也适用于保险公司。所以，重疾险是为公司提供较高创费的主要险种。

为股东创造相对较高价值的险种

目前重疾险已经成为寿险公司新业务价值的重要贡献险种。瑞再研究院的研究显示，重疾险占公司新业务价值的比重，中资和大中型公司已经达到70%，外资/合资与小型公司也占到60%~65%。寿险公司普遍认为重疾险在中长期内仍将具有显著的价值优势，难以被其他险种所取代。详见图5-4。

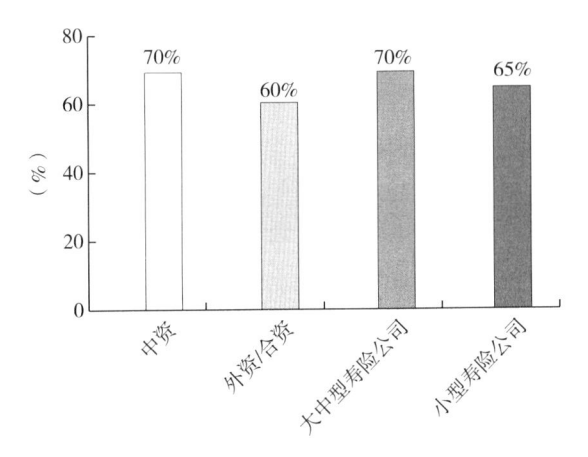

图5-4 中外资公司重疾险对新业务价值的贡献度（中位数）

资料来源：瑞再研究院.中国重疾险市场可持续发展研究.2021。

提供多种保障责任的产品

当前重疾险在产品竞争上主要集中在对病种、给付次数等方面，形成整个行业90%集中在终身保障、综合给付责任的产品现状。随着细分市场的形成，未来"一个重疾险产品打天下"或"主打一个重疾险产品"的市场竞争将被打破，向差异化产品策略转变是必然的趋势。特别是在新规范下，预计未来的重疾产品的主体形态不会出现大的调整，但在"精准分级"（将病种分成重疾和轻症）的指引下，未来重疾险主流产品形态将被进一步细化。

重疾责任

未来重疾险产品在重疾责任方面，会向增加分组、多次给付或特定年龄前额外给付等发展，以扩充重疾保障范围。

轻症责任

新规范将I期甲状腺癌移到轻症后，重疾的风险减少了，但轻症的风险会显著增加。为了降低轻症多次给付的风险，保险公司在产品设计上可以对轻症病种进行分组以降低轻症整体风险。同时为了规避I期甲状腺癌带来的保单初期逆选择和道德风险，可能会趋向将其设置为特定轻症责任。

中症和前症责任

中症责任目前在行业中已开始流行，预计受新规范的影响，在未来重疾险主流产品的设计上将成为一种常态。

前症责任目前在行业中还不太流行，主要是因为病种设置的合理性问题。

不管是中症还是前症责任，都体现了"精准分级"的理念，但因为缺乏必要的基础数据和经验数据，如何选择合适的病种及定义将是各个保险公司经营策略的问题。未来随着行业数据和经验的丰富，相信这些保障责任在重疾险产品的设计上也会越来越普及。

特定疾病责任

特定重疾险是针对一种或多种特殊重疾和特定人群提供的专项保障产品。它基于一般重疾，但会对特定人群高发重疾进行额外的保险给付。例如，将白血病作为特定重疾，并约定额外给付50%的保额。现在已经有特定重疾险产品，但销售量并不高。未来特定重疾额外给付保险可能将更多地作为附加险出现，其目的是促进重疾主险的销售，更好地实施"以附促主"的销售策略，从而进一步提升重疾险产品的全面保障功能。未来特定重疾险将集中在以下几种。

1.少儿特定重疾

少儿特定重疾险目前和未来一段时间主要是以白血病为主。根据流行病学的统计，我国白血病的自然发病率为十万分之三，每年新增约4万名白血病患者中有2万多名是儿童，而且以2~7岁的儿童居多。白血病虽然是治愈率高的重疾，但是高昂的治疗费用却让许多家庭望而生畏。干细胞移植是目前根治白血病的唯一手段，但移植费用高达数十万元。若是异体移植，则需要在等待供体的时候进行免疫治疗，花费更是巨大。所以白血病可以被作为一种单独的疾病来投保，这样可以在花费极少量保费的情况下获得较高的保险保障。

2.女性特定重疾

女性特定重疾险主要针对女性生理特征特别设立相关保障，即乳腺癌、卵巢癌、宫颈癌等疾病。女性特定的恶性肿瘤发病率连年升高且居高不下，如乳腺癌、肺癌等，发病率排在女性重疾发生率的前列。一般来说，保险公司提供女性的特定重疾主要包括原发于女性器官的恶性肿瘤、女性特定恶性肿瘤和女性特定手术责任。女性特定重疾险市场是一个巨大的潜在市场，未来会成为重疾险细分市场的主要部分。

3.老年恶性肿瘤

老年人身患重疾的概率毫无疑问是高过一般人的，所以老年人在购买一般综合性重疾险时不仅核保要求较高，而且费用昂贵。依据经验数据[①]，老年人恶性肿瘤发生率超过70%，因此，保险公司完全可以推出针对老年人的恶性肿瘤保险产品，聚焦专项恶性肿瘤保障，让保险费率大幅下降，以达到老年人对重疾险"有需要，买得起"的目的。

健康管理和服务

银保监会下发的《健康保险管理办法》第五十五条规定：保险公司可以将健康保险产品与健康管理服务相结合，提供健康风险评估和干预、疾病预防、健康体检、健康咨询、健康维护、慢性病管理、养生保健等服务，降低健康风险，减少疾病损失。第

---

① 资料来源：https://mp.weixin.qq.com/s/9nl1rzsn64KXlhO1BFyizA。

五十七条规定：健康保险产品提供健康管理服务，其分摊的成本不得超过净保险费的20%。

这些新规迎合了广大客户的期望和保险公司拓展业务空间的愿望，为保险保障与健康管理有效结合提供了法规依据。相信未来重疾险的发展，除了保障责任不断丰富完善，在产品中加入健康管理内容也是趋势。

长期重疾险仍是主流产品

由于目前消费者普遍偏好长期限的定期或终身重疾险产品，保险公司缩短重疾险期限的意愿也不强烈，因此预计长期/终身重疾险仍将是市场的主流产品。

一是多数保险公司目前虽然也在售定期/两全类重疾险产品，能够对长期/终身重疾险起到补充作用，但规模相对有限，短期内取代不了长期重疾险。

二是与终身重疾险相比，返还型定期重疾险并不具有价格优势。

三是由于中短期定期重疾险产品的保费贡献度和业务价值低于终身重疾险产品，同时考虑到缩短重疾险产品期限将加剧逆选择风险，预计寿险公司中期内将继续维持当前产品结构。

重疾险销售领域将发生变化

个代渠道仍将是主要渠道

无形产品的特性决定寿险产品是需要靠人推销的产品。而个人代理人是最适合销售长期保障型产品或其他复杂产品的人员。过去重疾险产品90%是靠个人代理人销售的。调查显示，一半以上的客户偏好通过个代渠道购买重疾险产品，而占重疾险市场份额60%以上的头部公司都是以个代渠道销售为主，短期内不会改变现状。因此，未来一段时期，重疾险仍将以个代渠道为主要销售渠道，其他销售渠道取代不了，特别是在细分市场不断发展成熟的状况下，个代渠道将更具有销售优势。

一是越是复杂的重疾险产品越是需要面对面地讲解产品和条款。重疾险的保险责任不像死亡、伤残那样简单，多达几十种，甚至上百种重疾，需要有人对保险公司承担的那些复杂的重疾给予解释和说明。在寿险产品技术含量与社会大众相关寿险知识水平严重不匹配的情况下，更是如此。

二是较高件均保费和佣金极大地吸引个人代理人积极销售重疾险产品。以前是这样，现在是这样，未来还会是这样。因为佣金是业务员销售产品的一个导向因素，受内在利益导向驱动，自有其内在的发展规律。

三是比较复杂的重疾险核保要求较严。一般客户在网上只能获得简单的重疾险产品的简单告知信息，对于复杂的重疾险产品，特别是特定群体的重疾险产品，还是需要向销售人员当面询问相关事项。

四是重疾险的赔付方式也复杂。有一次赔付，也有多次赔付；有轻症赔付，也有提前赔付；等等。对多种赔付方式，客户仅靠互联网很难正确理解。

经代渠道短期规模还做不大

经代渠道虽然是重疾险产品新兴的销售渠道,也是没有个人代理人队伍的中小型寿险公司普遍采用的销售渠道。它可以帮助一些中小型寿险公司提升重疾险保单销售量,但经代渠道受自身发展限制,短期内很难"做大"重疾险规模。

一是经代公司整体的代理量还不是很大。经代公司数量很多,但有一定人力规模的很少,整个行业只有几十万人,很难与800多万个人代理人相比。经代公司整体上代理重疾险产品业务量增速很高,但实际的规模还很小,短期内改变不了这种局面。

二是经代公司发展代理人队伍的高成本支出需要直接转嫁给被代理的寿险公司,从长期看,寿险公司很难承受。

三是由于中小型寿险公司缺乏对经代公司的实际掌控,经代业务的持续稳定发展将受到一定的影响,如保单的继续率和客户的售后服务等。

网销渠道仍有局限性

互联网销售平台推动了重疾险产品在市场上的热度与规模。对消费者而言,互联网重疾险产品的信息丰富、选择多样、价格透明,这使重疾险产品更广泛地获得消费者的认可与青睐。但互联网销售平台销售人身险产品毕竟具有局限性。

一是只能销售简单的、标准化的重疾险产品。这一点在未来的重疾险细分市场可能会发挥较大的作用,但短期看,其业务量支撑不了整个行业的发展。

二是网销低价格策略导致产品负价值的状况如果不改变，与寿险公司的合作都只能是具有一定限量的"规模"业务。

三是网上服务还没有做到令人满意。

四是国家在相关领域的"反垄断"行动，以及对互联网销售采取的一系列规范行动，对整个互联网销售平台的影响程度，目前还没有完全反映出来，互联网平台销售人身险仍具有一定的不确定性。

市场将逐步成熟

细分市场是趋势

整体来看，重疾险是一个非常复杂的产品。要想将复杂的事情简单化，最好的办法就是细分市场，细分不同的客户群体，针对这些细分群体提供对应的产品。

未来重疾险的发展潜力主要在以下两个方面：一是现有客户的保障不足，需要加保；二是来自覆盖率较低的大量待开发的细分市场，如老人、儿童、女性以及还可以按行业划分的细分市场。细分市场是未来重疾险的主要市场。

一是综合重疾险并不一定是最佳的保障。综合重疾险虽然提供的保障责任全面，但其价格也是重疾险中最贵的，这也是一些人"买不起"或"保障低"的直接原因。大量的理赔数据显示，重疾险原保障的25种标准疾病，覆盖了97%的理赔。也就是说一些基本的重疾保障，能够为大众提供比较全面的保障。

二是细分市场才是大众需要的市场。目前重疾汇总起来超过百种，还有一些罕见疾病正在被逐步纳入重疾范围。但是，就不同人而言，并不是所有的重疾都会发生在自己身上。例如，男性就不会出现女性特有的重疾。所以，细分的市场才是大众需要的市场。

三是细分市场是中小型寿险公司生存的市场。在未来激烈的市场竞争中，中小型寿险公司将始终处于弱势地位，而细分市场或许是它们生存发展的市场。它们有机会在某一个细分市场做大，也有机会依靠某一个细分市场提升公司的效益。

价格将普遍下降

2021年2月1日，整个行业实行新规范。新规范与原规范相比，其中一个变化是重疾险产品价格将出现下降。根据申万宏源证券研究报告，以28/25病种为例，新规范下的重疾发生率较原规范的平均下降15.9%，其中男性整体下降15.0%，女性整体下降16.7%。

新规范中一项主要的修订是将I期甲状腺癌由重疾调整为轻症。由于I期甲状腺癌影响的年龄段主要集中于20~60岁，甲状腺癌对于重疾发生率的影响主要是60岁之前，而且定义的调整对于不同保险期间重疾险产品费率的影响程度有所不同。

据分析[①]，将I期甲状腺癌由重疾调整为轻症会使20~60岁

---

① 资料来源：https://mp.weixin.qq.com/s/7YT2g9QfWBpHpokKvdGmXw。

的重疾发生率平均降低约25%，而将I期甲状腺癌放入轻症，最终会使重疾和轻症责任合计的发生率降低幅度有所减小，约为18%。详见图5-5。

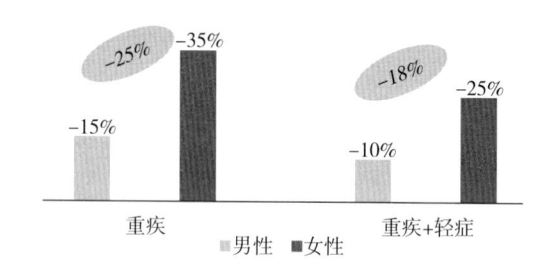

图5-5　甲状腺癌调整对重疾发生率的影响（20~60岁）

资料来源：https://mp.weixin.qq.com/s/7YT2g9QfWBpHpokKvdGmXw。

重疾发生率变化会直接影响产品价格。如果以保障至70岁，被保险人年龄30岁，交费期间20年为例，由于I期甲状腺癌的调整，会使只有重疾保障责任产品的毛保费水平下降约18%。如果产品中加入轻症责任的话，下降幅度会有所降低，约为12%。详见图5-6。

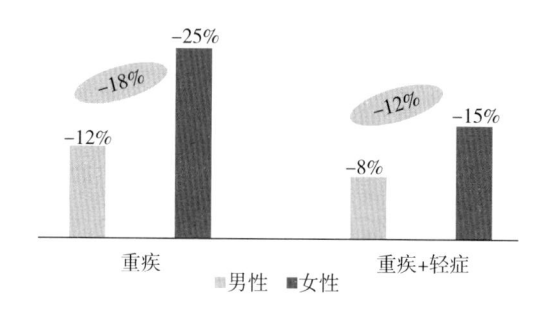

图5-6　毛保费下降幅度分析

资料来源：https://mp.weixin.qq.com/s/7YT2g9QfWBpHpokKvdGmXw。

如果以保险期间为终身，被保险人年龄30岁，交费期间20年为例，受Ⅰ期甲状腺癌调整的影响，会使只有重疾保障责任产品的毛保费水平下降约12%。如果加入轻症责任的话，下降幅度会有所降低，如果再加入身故责任，毛保费下降幅度会进一步降低，仅为2%左右。详见图5-7。

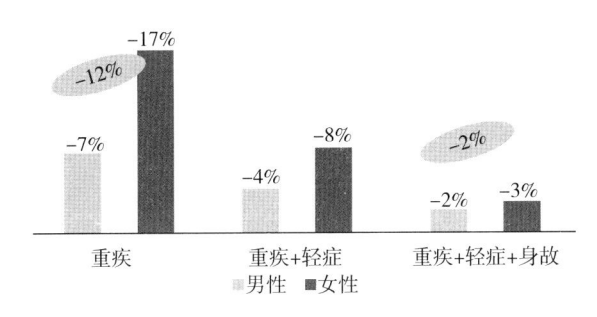

图5-7　毛保费下降幅度分析

资料来源：https://mp.weixin.qq.com/s/7YT2g9QfWBpHpokKvdGmXw。

在其他条件不变的情况下，费率高低还受到具体的产品形态、保险期间的影响。保险期间为定期的下降幅度大于终身的，不含轻症和身故责任的下降幅度大于含轻症和身故责任的。

线上线下融合将是发展趋势

随着移动互联网技术的日益普及，中国消费者的购买习惯和需求已经发生很大的变化。2020年网民规模为8.9亿，互联网普及率达70.4%，其中手机网民规模达9.86亿，网民使用手机上网的比例达99.7%。①

过去重疾险面对的客户是70后、60后，现在是80后、90后，甚至95后已经开始登上重疾险消费者的舞台。这批新生代客户的消费习惯已经发生了根本变化，他们年轻、知识丰富，接受新事物快，而且在他们认可的领域更愿意消费。他们靠兴趣形成形态各异的圈层，他们尊重专业，希望把人情和消费尽可能地分开。面对这样的新生代客户群体，积极开展线上销售是未来发展不可少的。

但是，如何破解线上销售的局限性，也是互联网平台公司和保险公司积极探讨的事情。从目前总体来看，线上线下融合将是未来的发展趋势。一些保险公司已经开辟网上销售业务；一些平台公司也开始组建线下销售和服务团队来解决线上销售的瓶颈问题。

新旧产品过渡期

伴随新规范及新版重疾表的发布，预计重疾险市场将经历一段新旧重疾产品交替的过渡期。当前市场格局的形成是市场供需双方长期演变的结果，新规范和新版重疾表的发布是适应市场变化趋势的适时调整，因此对重疾险市场的格局影响不大，预计短期内重疾险市场仍将以终身重疾险为主，多数保险公司的产品策略方向不会改变。

---

① 中国互联网络信息中心（CNNIC）.中国互联网络发展状况统计报告第47次. 2021.

在过渡期内，一些保险公司会利用新规范导致的价格下降而打"价格战"，也有一些公司会积极地探索和尝试新形态的重疾险产品，但短期内很难打破当前的市场格局。

过渡期的长短，也许要看健康税收优惠政策的调整是否有利于重疾险的发展。

前景总结

国家越来越重视国民健康问题，已经上升到国家战略。"健康中国战略"的实施推动了重疾险的大力发展。保险公司应抓住机遇，充分分析重疾险的经营风险，迎接挑战。

监管部门落实"引导保险公司回归保障功能"要求，重新定位保险公司的职责，出台一系列政策引导保险公司为社会大众提供更多的保险保障。重疾险属于保障性产品，属于监管部门鼓励的、未来大力发展的险种。

国家已经确立了商业健康险短期发展目标，在实现这一目标的过程中，重疾险将扮演重要的角色，得到快速发展。另外，无论从哪个方面看，重疾险在我国寿险业中都有潜在的巨大市场。

重疾险经营得好能够满足客户、销售人员、公司和股东各个方面的需求，是能够较好地平衡各个利益相关者的多赢险种，因此重疾险未来仍然是市场上的主流险种。

第 6 章
面临的挑战

关键词:

重疾发生率、国家政策、医学与医疗技术、业务管理重疾险未来会成为市场主流产品,但受外部环境变化,特别是医学和医疗技术变化的影响,重疾险未来的发展也面临巨大的挑战。这些挑战主要来自难以预测的重疾发生率、国家相关政策的影响、医学和医疗技术的进步、潜在的业务管理风险。

难以预测的重疾发生率

重疾险产品的设计以重疾发生率为依据,而重疾发生率不像死亡率、伤残率具有长期可预测性,这就给重疾险产品定价带来巨大的挑战。

定义落后于实际

对各种疾病名称和定义,比较权威的是医疗专业管理部门的定义。但医疗专业管理部门都是从纯医学和医疗的角度确定名称和定义，在某些方面又不能符合保险公司理赔方面的需求，因此才有中国保险行业协会与中国医师协会共同制定的新规范。但新规范只确定了28种重疾的名称和定义，对于28种以外的重疾病种的名称和定义，则由各保险公司自行确定。

无论是新规范中对28种重疾和3种轻症疾病标准的定义，还是保险公司自设的定义，都难免落后于日新月异的医疗检测技术和治疗技术。随着医疗检测技术和治疗技术的不断进步，不断修改疾病定义将会成为常态。但保险合同是长期合同，基本上是保险人不可更改的合同。保险人签保险合同时只能使用当时的重疾名称和定义，因此往往会出现保险合同中的疾病定义不断被医疗专业管理部门更新或修改，从而出现客户用专科医生确诊的更新或修改后的定义申请理赔，而保险公司用已签的保单规定的定义作为理赔标准，最终导致保险公司与客户产生理赔纠纷。例如，过去的重疾"冠状动脉搭桥术"（或叫"冠状动脉旁路移植术"）要求必须开胸手术，而新规范中只要求实施切开心包，对开胸并没有要求，体现了医学进步带来的手术方式的改变。从发展的角度看，保险公司对重疾的病种名称和定义落后于实际的医学和医疗技术的发展，所以难以预测未来的风险。

罕见疾病不断被发现

现代医学的进步，使罕见疾病不断被发现，导致重大疾病的种类不断增加。重疾险数量从最初的4种增加到7种、20余种、

40余种……120余种，而且还有增加的趋势。因为罕见疾病不断被发现，而罕见疾病被发现后很多都符合重疾的条件而被纳入重疾范围，导致重疾数量不断增加。针对每一个罕见疾病，药企都会在药物研发和准入环节投入大量费用，但罕见疾病的受众群体过小，在没有政策扶持的情况下，药品注定需要通过高定价才能收回成本，如果满足了重疾险需要的危及生命，支付高额医疗费用和影响患者生活质量的3个条件，就可以被纳入重疾险的范围。

截至2018年12月，我国《第一批罕见病目录》纳入的121种罕见病中，其中74种在欧美国家和日本等已有治疗药物上市，53种在国内有治疗药物上市。未来随着现代科学的发展，医学和医疗技术的进步，罕见疾病更容易被发现，可以被更多地纳入重疾险保障范围，但随之而来的是保险公司难以预测的潜在经营风险。

经验发生率不断被修订

随着现代医学和医疗技术飞速进步，新仪器、新检查化验方法被不断地发明并投入临床应用，使很多重疾能够在更早期的阶段被诊断出来，甚至在疾病发生之前就能探查出潜在致病风险或疾病前期状态。早期诊断虽然能够提高疾病治愈概率，并具有从整体上降低医疗费用的潜在价值，但早期诊断也同时改变了重疾险产品设计的重疾经验发生率假设，使重疾经验发生率也不断被修订。

此外，以靶向药和免疫疗法为代表的生物疗法将极大地提高肿瘤患者的生存率，如早期甲状腺癌患者现在10年生存率接近100%。患者生存率提高又可能导致多次重疾理赔率的增高，同样也会改变疾病发生率假设。

所以，重疾险产品设计所依据的重疾经验发生率受新医疗技术和新药物影响，未来将不断被修订，保险公司只能处于被动应对的状态。如果形成常态，保险公司长期重疾险产品将没有长期稳定的经验数据支持。

有效的历史数据非常有限

我国重疾险市场发展很快，但经历的时间较短。重疾险保费在2016—2018年强劲增长，年均增速在40%以上。[①] 仅用3年左右的时间就将世界各地重疾险产品保障责任都引入我国重疾险市场，如轻症、中症、多次给付、分组各付等，而且保障责任还有继续丰富的趋势。但是，针对这些快速增加的保障责任的历史数据、经验数据却非常有限。

一是绝大多数重疾险保单还没有经历完整的保单周期，保险公司还没有经营结果数据。

二是绝大部分还没有统一的行业数据标准，现有的一些数据还不能作为依据，只能作为参考。例如多次赔付重疾险产品在国内才刚刚出现，以前国内保险公司理赔收集的数据没有涵盖多次

---

① 华泰证券.重疾险的未来.2021.

重疾，所以基本没有自己的定价数据，现在采用的都是国外或中国香港地区的数据。借用其他地区再保险数据固然可以，但一定会有误差。

三是我国在摸索中成长的一代年轻的精算人员，还缺乏实际的数据处理经验，基本上处于边摸索边学习状态。

四是相关的专业数据模型还没有建立起来，已经有的数据模型也比较落后，这直接反映的是数据处理技术的落后。

五是尽管保险行业已经在逐步加强重疾险数据的积累，但要对未来发展趋势进行合理的判断和预测，通常还需要结合其他数据，特别是与社会医疗保险相关的数据，而行业缺乏这样的数据。

六是新版重疾表将有助于提升重疾险趋势预测的准确性，但仍有一定的局限性。

所以，在基础数据不充分的情况下，快速推出的各种重疾险产品"新创意"都存在潜在的产品经营风险。甲状腺癌的高发就是旧版重疾表意料之外的事，以后会不会再出现类似情况也未可知。

现有医学水平还不能识别全部危险因素

现有医学水平虽然快速提升，但仍然不能识别全部的危险因素。绝大部分重疾都属于病因复杂的慢性疾病，这些慢性疾病是如何发展和演变成重疾的，尚没有明确结论。目前在医学上，除宫颈癌等极少数疾病，现有已知因素还不能完全解释不同重疾的发病原因。以癌症为例，包括发达国家在内，已知因素对癌症总体发病的解释比例也仅在50%左右。在仅仅能够依赖已知有限危险因素的情况下，保险公司对重疾险长期发展趋势判断存在较大的不确定性，最终会导致产品经营结果的不确定性。

多次给付责任风险

重疾险单次给付产品只承担重疾理赔一次的风险，而重疾险多次给付产品则要承担多次重疾理赔的风险，所以重疾险多次给付与单次给付产品相比隐含的风险更大。原因如下。

一是定价依据不足。内地多次给付重疾险产品从2017年开始出现，时间较短，产品定价数据缺乏，所参考的都是国外或中国香港地区的数据，必然存在一定的误差。

二是医学和医疗技术进步。医疗水平不断突破，使恶性肿瘤患者生存率不断提高，导致重疾险多次理赔率增高。目前，美国总体癌症5年生存率为66%，我国为33%。如果我国提高到50%，就会导致癌症二次理赔率提高50%。

三是生命科学技术发展。如干细胞培育、人工器官和器官移植手术等逐渐成熟，心脏起搏器、人工心脏、人工肝脏、人工肺、血液透析和灌流疗法等，让晚期器官衰竭患者能完全康复或者生存更长时间，但会导致多次重疾险理赔率提高。

四是保障期限多为终身。现在的重疾险以终身为主，费率固定，没有可调整空间。当以上各方面进步导致重疾险理赔率持续提高时，保险公司只能承担损失。美国通用电气的长护险就是没有估计到终身赔付的巨大风险，导致出现10倍亏损。

五是盲目发展。重疾险多次给付产品刚开始进入市场时比较谨慎，仅以理赔2次为限。但有保险公司为了"炒作"产品，又加到3次或4次。现在市场上重疾险多次给付产品理赔可多达6次，甚至有些激进公司推出理论上可以给付112次的产品。[①]这种激进行为，必将为重疾险多次给付产品带来潜在的经营风险。

六是"一炮多响"的后果。如果多次给付无分组限制，则很容易造成"一炮多响"的结果。比如，某被保险人罹患了脑癌，可按照恶性肿瘤申请理赔；之后通过开颅手术治疗，可按照开颅手术申请理赔；之后脑癌复发压迫神经系统导致瘫痪，可按照瘫痪申请理赔。如果该客户对这类重疾产品病种定义理解深刻，则可拿到3倍保额的理赔。

多次给付责任风险目前还没有充分暴露。主要的原因是产品经营时间短，消费者对这类产品还没有深刻的认识，多数消费者不知道第一次理赔后还可以有第二次，甚至第三次理赔。

经营者已经开始担忧

原卫生部的一项数据表明，人一生罹患重疾的概率高达

---

① 中国再保险.2018—2019年度人身险产品研究报告.2019.

72.18%，超过1/3的人会得癌症，10名健康男性中有3名会在65岁前患重大疾病，10名健康女性中有2名会在65岁前患重大疾病。2019年1月，国家癌症中心发布了最新一期的全国癌症统计数据。[①]该统计数据显示：2015年全国恶性肿瘤发病约392.9万人，死亡约233.8万人。平均每天超过1万人被确诊为癌症，每分钟有7.5个人被确诊为癌症。与历史数据相比，癌症负担呈持续上升态势。近十几年来，恶性肿瘤发病率每年保持约3.9%的增幅，病死率每年保持2.5%的增幅。肺癌、肝癌、上消化系统肿瘤及结直肠癌、女性乳腺癌等依然是我国主要的恶性肿瘤。肺癌位居男性发病第1位，而乳腺癌为女性发病首位。男性恶性肿瘤发病率相对女性较高，且发病谱构成差异较大。甲状腺癌发病率近年来增幅较大，在女性恶性肿瘤发病谱中目前已位居发病第4位。男性前列腺癌近年来上升趋势明显，在男性恶性肿瘤发病谱中已位居发病第6位。

如此高的重疾发生率，让保险公司经营者开始担心重疾险的经营风险，特别是担忧平均期限30年以上的重疾险产品的经营风险。瑞士再保险对保险公司高管的访谈显示[②]，67%受访者对未来重疾险发病率增长趋势存在担忧。详见图6-1和图6-2。

[①] Siwei Zhang, Kexin Sun, Rongshou Zheng, et al.Cancer incidence and mortality in China, 2015[J].Journal of the National Cancer Center, 2021, 1（1）:2~11.
[②] 瑞再研究院.2020年中国重疾险高管访谈调研.

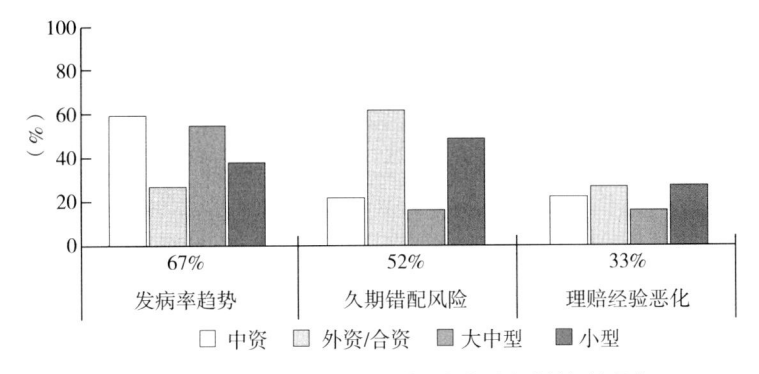

图6-1 不同类型保险公司的高管对长期重疾险的担忧程度

注：67%、52%和33%表示选择此项内容受访者的比例。

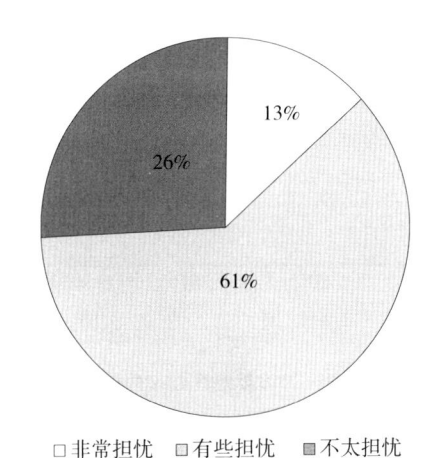

图6-2 保险公司高管对长期重疾险的担忧程度

已经出现持续恶化的趋势

新版重疾表显示，近年来重疾险的理赔经验持续恶化，而且呈上升趋势。详见图6-3、图6-4、图6-5。

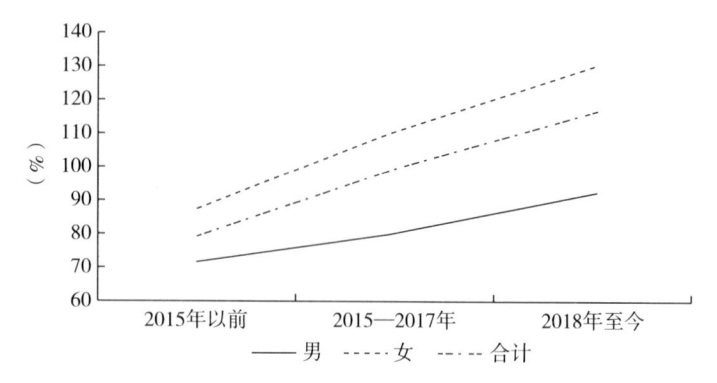

图6-3 某主流重疾险产品成人段重疾责任理赔率

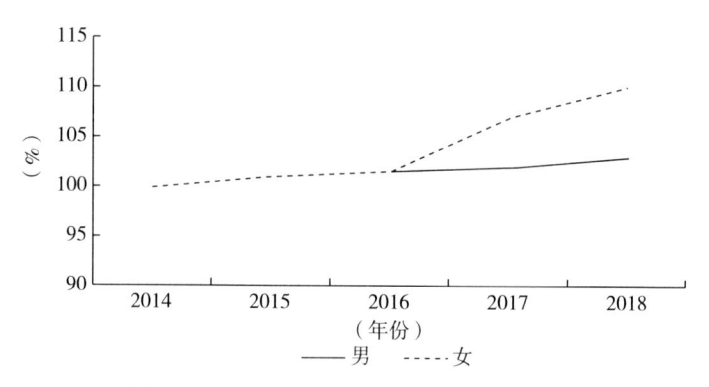

图6-4 2014—2018年分性别28病种发生率趋势

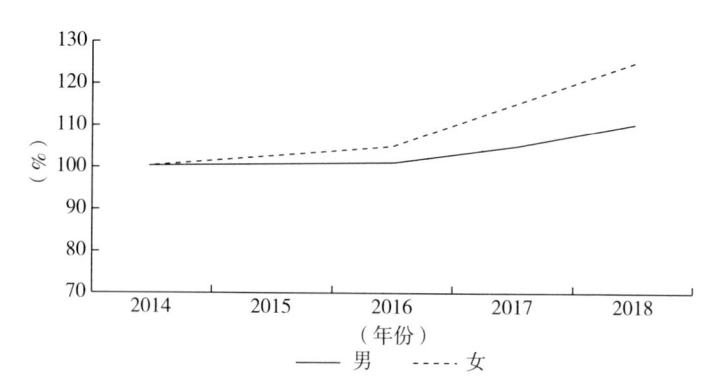

图6-5 2014—2018年分性别25病种发生率趋势

汉诺威再保险2019年秋季论坛的数据显示，恶性肿瘤、心肌梗死和脑卒中后遗症三大病种占到理赔总数的94%，比旧版重疾表64%的假设数值高出30个百分点。

短期内整个行业重疾经验发生率变化如此之快，说明重疾发生率已经被严重低估了。长期来看，随着医疗技术及治疗手段的不断发展，后续临床医学中关于疾病诊断以及治疗标准与既往条款中的疾病定义还会产生偏差，将更容易增加理赔风险。

国家相关政策的影响

"健康中国行动"

"健康中国行动"将对重疾险产生直接影响。

2017年10月18日，习近平同志在十九大报告中提出"实施健康中国"战略。

2019年7月，国务院印发《国务院关于实施健康中国行动的意见》，在主要任务的第12条明确提出："有序扩大癌症筛查范围。推广应用常见癌症诊疗规范。提升中西部地区及基层癌症诊疗能力。"国家推动"扩大癌症筛查范围"，有助于推动癌症早发现、早治疗，提升癌症治愈率，但同时给重疾险经营带来了风险。

以女性"两癌"为例，我国自2009年启动了女性"两癌"普筛。近10年来，宫颈癌检查近1亿人次，乳腺癌的检查超过了3 000万人次。检出宫颈癌及癌前病变17.7万例，乳腺癌及癌前病变1.6万例。但由于受到现实各种情况制约，目前我国宫颈癌筛查覆盖率还不到40%。①"健康中国行动"中明确提出："到2022年，'两癌'检查覆盖80%的县，2030年覆盖90%。"预计在这一行动的推动下，未来一段时间内，女性"两癌"检查覆盖率仍会维持在高位，因而重疾险中女性"两癌"的发生率也将维持在高位。

"健康中国行动"中"有序扩大癌症筛查范围"，必将提高整体癌症疾病被发现的概率，从而给重疾险经营带来风险。

医保政策调整

逐步扩大医保报销范围对重疾发生率也直接产生影响。将一些癌症、地方病筛查费用逐步纳入医保报销范围或提高报销比例将是一种趋势，这可以让老百姓能够"承担得起"重疾的筛查费用，积极主动做相应的筛查，但同时也增加了重疾暴露概率，给重疾险经营带来风险。

另外，"健康中国"中提出："个人卫生支出占卫生总费用的比重要由2015年的29.3%下降到2020年的28%左右，2030年的25%左右。"降低个人卫生支出占比，意味着增加免费医疗福利，必然吸引更多的人，也将提升重疾被发现的概率。

总之，在"健康中国行动"和医保政策的推动下，重疾的筛查机会和费用将不再使人们望而生畏，重疾筛查将来可能成为常态，重疾的经验发生率也将发生改变。

---

① 瑞再研究院. 中国重疾险市场可持续发展研究. 2021.

医学与医疗技术的进步

早期诊断技术直接影响核保核赔

随着科技的发展，医学诊疗技术日新月异。新的诊疗仪器、设备，新的检查化验方法被研发并快速投入临床应用，使得很多疾病能够在更早期的阶段被诊断出来，甚至在疾病发生之前就能探查出潜在致病风险或疾病前期状态。

早期诊断能够提高疾病治愈率，并具有从整体上降低医疗费用的潜在价值。但早期诊断也显著拉长了消费者带病投保的时间窗口，导致核保控制环节的逆选择风险有所上升，也为后期理赔工作带来更大挑战。

基因检测是一把"双刃剑"

对于保险公司而言，基因检测是一把"双刃剑"。

一方面，基因检测的结果会直接影响投保人的购买行为，推升逆选择风险。基因诊断技术可以被用于癌症早期筛查。目前已经发现多种与肿瘤发生相关的癌基因和抑癌基因。通过对相关基因检测，完全可以提前预知肿瘤患者的患病风险。无论是在国内还是国外，基因检测已经是成熟的技术并被普遍应用，也无须在医疗机构进行。2018年，瑞再研究院对包括中国在内的5个国家的消费者的调查发现，在20～60岁的人群中，接受过基因检测的人占比约20%，尚未接受检测的人中有1/3表示将来有检测计划。而检测出癌症、糖尿病或心脏疾病易感基因的高风险人群购买保险的意愿约是普通人群的4倍。①检测出的高风险人群一旦出险，其基因检测结果在法律上还不能作为"未如实告知健康状况"的依据，这给重疾险理赔工作带来较大挑战。

另一方面，易感基因的检出会提高消费者的自我保健意识，有助于降低疾病发生率。可以通过早期的针对性干预延缓疾病的进程，甚至可以采取预防性治疗大幅降低疾病发生的可能性，延后或减少相应的重疾险理赔。

所以，基因检测是一把"双刃剑"，可能会推高重疾险的逆选择风险，也有可能通过采取预防性措施降低疾病发生率。天平将来向那个方向倾斜，目前看都是未知数。

长尾风险

医学与医疗技术不断进步的结果是努力提升重疾患者的存活率。国家卫健委发布的信息显示，截至2019年10月，随着我国医疗质量和诊疗能力的提升，恶性肿瘤患者5年生存率②已经从10年前的30.9%上升至40.5%。肿瘤诊疗质量的规范化控制、肿瘤诊疗新技术和多学科诊疗模式的推广应用，在其中起了至关重要的作用。"健康中国"提出："总体癌症5年生存率提高15%。""健康中国行动"明确提出："到2022年和

---

① 瑞再研究院.中国重疾险市场可持续发展研究.2021.
② 5年生存率，即某种肿瘤经过各种治疗后，生存5年以上的比例。某种肿瘤经过治疗后，一部分可能出现转移和复发，一些人可能因肿瘤进入晚期而去世。转移和复发大多发生在根治术后3年之内，约占80%，少部分发生在根治术后5年之内，约占10%。故常用"5年生存率"表示各种癌症的疗效。

2030年，总体癌症5年生存率分别不低于43.3%和46.6%。"我国儿童恶性肿瘤患者5年生存率为72%，欧美发达国家已经接近80%。[①]

医学与医疗技术提高了重疾患者生存率，但对保险公司重疾险经营而言，生存率的提高必然加重长尾风险，即重疾患者经过治疗后生存期延长，对于含恶性肿瘤复发转移责任和重疾多次给付责任的产品有超预期赔付风险，而这些因素在产品定价阶段难以准确预估。

罕见疾病增加了重疾险的赔付风险

实际上目前还有很多疾病没有被发现。而医学进步的动因就是不断发现并攻克新的疾病，其成果之一是为不断发现的罕见疾病提供治疗方法。目前重疾险保障病种已达到了150余种。在重疾险产品开发的过程中，因发病率低、难以治愈、所需费用高，部分罕见疾病也逐渐被纳入了重疾病种。未来会有越来越多的罕见疾病被纳入重疾险保障范畴。在罕见疾病被发现、被攻克的同时，保险公司对这些罕见疾病的赔付风险也在同样增加。

液体活检加剧逆选择风险

液体活检作为体外诊断的一个分支，是指一种非侵入式

---

① 瑞再研究院. 中国重疾险市场可持续发展研究. 2021.

的血液测试，能监测肿瘤或转移灶释放到血液的循环肿瘤细胞（CTC）和循环肿瘤DNA（ctDNA）碎片，是检测肿瘤和癌症、辅助治疗的突破性技术。只需抽取6~8毫升血，就能筛查是否患有六大常见癌症（肺癌、胃癌、食管癌、肝癌、大肠癌、乳腺癌），准确率超过80%。液体活检在癌症筛查、肿瘤复发预测、指导药物选择、耐药性检测、动态监测疗效等方面均具有应用价值，目前尚处于科研探索与验证阶段。

未来随着液体活检技术的不断进步和完善，液体活检成本（目前2 000~3 000元）将逐渐下降，不仅会成为恶性肿瘤诊断所认可的检查方法之一，而且会成为普遍采用的检查手段。液体活检在肿瘤早期筛查方面的应用，势必会增加相应癌症的发病率和检出率，这对重疾险经营会产生较大影响，预计将加剧逆选择风险或导致赔付风险进一步上升。

潜在系统性风险

除了基因检测和液体活检等新技术，其他医学诊疗技术，如数字化超声技术、三维超声技术、超声造影成像技术等医学影像诊断技术，肿瘤标志物、特异性蛋白和酶检测等细胞生化技术也在不断发展。这些新技术在疾病检测方面的诊断特异性和敏感性在不断提高，而诊断费用在持续降低，一旦被广泛应用，对重疾险经营也将产生巨大的影响。

一方面，新技术直接推动重疾早诊断、早治疗以降低死亡率，提高预期寿命，但同时也会显著增加长期重疾险的理赔概率。另一方面，客户通过便利的诊断技术获知自己患重疾的比例将不断提高，从而会推升逆选择风险。对于风险比较低的人群，投保意愿低或不愿投保，导致实际的承保群体与预估的承保群体出现严重的偏离，进而造成理赔经验全面恶化，使保险公司经营承压，甚至形成行业潜在系统性风险。

潜在的业务管理风险

风险管理难度最大的险种

人身险的功能是个人和家庭的风险管理。保险公司的经营实际上是与投保人在风险管理中的博弈（选择与逆选择）。"确诊即给付"的特性决定了重疾险是所有长期人身险产品中风险管理难度最大的险种。

一是涉及复杂的医学知识和经验。重疾险经营实际上是对人的疾病和治疗的风险管理。一般的寿险险种，如养老、普通寿险、意外险等，有相关的保险、法律、人口、金融等知识和经验以及已经积累的大量长期稳定的经验数据，就可以有效地进行风险管理。而重疾险则不同，除了需要上述知识、经验和数据，还需要相关的医学和医疗知识以及经验。了解百余种重疾不同的专业术语、医疗技术、发展态势等，对保险公司来说是很大的挑战。医学和医疗技术的每一项重大突破或重大成果都会对重疾险产生直接影响，甚至往往令保险公司措手不及。例如，早期甲状腺癌患者现在10年生存率接近100%，让保险公司付出了不小的代价，不得不及时调整相关的风险管理方式。

二是给付的依据不同。一般险种是以风险导致的结果为给付依据，如死亡保险以死亡、意外伤害保险以伤残为给付依据，而重疾险是以风险产生的原因或处置方式为给付依据。如疾病诊断或实施相关治疗（手术）结果往往只有一个，而原因可以是多个，这就导致重疾险的风险管理要比一般寿险险种复杂得多。

三是手续很简单。重疾险的给付只需要"专科医生明确诊断"，不需要人体消亡（死亡保险）证明，不需要造成残疾（意外伤害保险）证明，也不需要实际的医疗费用支出凭证（医疗险），就可以满足保险给付的条件。

四是诊断越来越容易。医学和医疗技术，特别是先进的诊断设备不断投入使用，使"专科医生明确诊断"越来越容易。诊断越来越容易，申请理赔也就越来越容易，这会促使一些投保人或被保险人为谋取"不义之财"而与保险公司博弈，增加保险公司风险管理难度。

风险评估体系相对滞后

保险公司的风险评估被称为核保。直保公司主要依据再保险公司提供的《核保手册》进行风险评估，而再保险公司的《核保手册》依据过往经验数据编制而成。现有《核保手册》的风险评估体系常常难以满足保险公司对重疾险产品的核保准确性的需求。

一是再保公司编制的《核保手册》无法涵盖所有产品和所有保障责任。

二是面对近年不断丰富的重疾病种和愈加复杂化的产品形态，现有的评估体系已难以满足保险公司对重疾险产品的核保准确性的需求。例如，对于糖尿病的重疾核保评点，原本仅按照发展的严重程度可能会被加费或拒保，但当糖尿病导致的失明和单足切除成为重疾病种加入理赔责任中后，也需相应地增加免责事宜。

三是中国重疾险市场是全世界最大，也是最新的市场，一些与重疾险风险评估的因素还"来不及"或"不具备"纳入《核保手册》的条件。

所以，从整体看，重疾险风险评估体系滞后于业务的发展。

对传统核保提出了诸多挑战

近年来，重疾险不断出现新的保障责任，这对传统核保提出了诸多挑战。如前症、轻症、中症、多次给付责任的风险评估，分组或不分组多次给付的风险评估，每次给付之间的赔付比例递增的风险评估，产品中仅包含部分或单项重疾责任时的风险评估，诸多保障责任打包出现在同一个产品时该如何进行风险评估等，对整个行业核保人员都是新的课题，都是直接的专业挑战。

我国重疾险快速发展，未来许多重疾险风险评估新的尝试、新的方法、新的标准可能都将出自我国核保专业，这对我国核保专业提出了高难度的挑战。

获取个人真实信息成为主要难题

保险公司只有获取投保人、被保险人真实有效的个人风险信息，才能进行有效的风险评估，确定合适的承保方式。但获取个人真实有效信息始终是国内寿险公司面临的主要难题。随着人们个人隐私保护意识增强、相关法律的完善，将来也会越来越难。

我国寿险市场投保人履行的基本是"有限告知"，即投保人只需回答保险人询问的事项，对于保险人没有询问的事项，可以不回答。即使这样，目前投保人的如实告知率整体还是偏低，已经成为销售前端风险控制的难题。面对愈加复杂的重疾险产品责任，《健康告知书》如何设计才能既确保投保人的回答能够真实反映被保险人风险状况，又不会盲目扩大风险筛查范围，仍需要在实践中摸索和改进。

不断提高的免体检限额

随着市场竞争日益激烈，各个寿险公司在投保规则中的免体检限额也阶梯式向上提升。瑞再研究院的研究显示[1]，2020年中国重疾险免体检限额[2]平均水平已升至10年前的近2倍，意味着保险公司风险选择偏好水平也已经提高了2倍。新版重疾表披露，2014—2018年，整个行业新单体检件比例呈下降趋势，由2014年的1.9%下降至2018年的1.2%，5年间下降7个百分点。详见图6-6。

---

[1] 瑞再研究院.中国重疾险市场可持续发展研究.2021.
[2] 免体检限额，是指保险公司根据被保险人的年龄分布确定的不需要体检的保险金额上限。

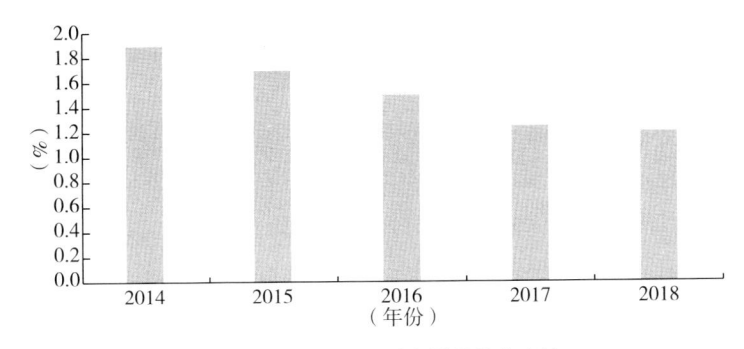

图6-6　2014—2018年新单体检件比例

资料来源：新版重疾表。

另外，在各种特殊业务节点，寿险公司为促进保单销售，还会推行阶段性的核保宽松政策，如开门红期间针对重疾险定制化的免体检限额政策，虽然促进了大额保单的销售，但也同时提升了整体风险水平。

理赔需求呈个性化趋势

理赔服务在保险公司所有服务中处于优先且核心的地位，不仅体现保险公司的保障功能，而且体现保险公司的市场口碑。随着消费者保险知识的普及，维权意识的增强，对保险理赔服务的要求已经从既往"手续简便""理赔快捷"等外延到更多的场景，如理赔线上办理、医院直付赔款等。随着未来智慧城市的建设，理赔服务需求越来越个性化、差异化，这不仅增加理赔服务成本，而且也将增加理赔服务满意度及理赔管理的难度。

产品形态的复杂性加剧了理赔难度

重疾险产品保障的病种数量,已从最初的4种增长到目前的120~150种,涵盖了从重大到轻度不同程度的疾病。保险责任也从单一重大疾病给付,演变出轻症给付、多次赔付、特定疾病给付、豁免保费等复杂形态。

预计市场上重疾险产品形态复杂程度还将持续上升。越来越复杂的产品形态,不仅对理赔人员的专业知识水平提出越来越严格的要求,而且也必将增加理赔的难度。

未来医学进步、机器学习与数字化技术的应用、人类寿命延长等因素可能对理赔管理产生颠覆性影响,也可能使理赔工作面临更多挑战。

永不消失的逆选择风险和保险欺诈风险

逆选择风险和保险欺诈风险伴随着重疾险业务发展也将持续上升。

一方面,虽然死亡不可预知,但随着科学技术的发展,人们对疾病越来越了解。当投保人知道自己患有某种疾病,或预感自己患有某种疾病时,难免要跟保险公司博弈,隐瞒自己的病史而购买重疾险产品。面对这种逆选择风险,保险公司除了用有限的手段进行筛查或设置等待期条款,基本上处于弱势地位,只能被动应对。

另一方面,只要有"专科医生明确诊断"就能得到保险公司的定额给付，这也容易使一些人铤而走险，制造假诊断证明骗取保险金。所以，重疾险相对于死亡保险、意外伤害保险，保险欺诈风险更大，而且逐渐呈现出人员专业化、团伙化、作案手段智能化、资金巨额化等特点。这些给保险公司防范逆选择风险、保险欺诈风险都带来越来越大的挑战。

第 7 章
重疾险未来的发展方向

关键词：

社会医疗保障体系的补充、技术含量与认知水平、"买得起，有保障"、高质量发展、防范风险一个行业的发展，首先要有明确的发展方向。方向明确了，才能做对的事情，走可持续健康发展的道路。人身险整体上是为个人和家庭提供生、老、病、死、残的风险保障，但每一类产品都有自己的功能和特性，在行业发展总体方向指引下，各个产品类别根据各自的特性、功能确定自己的发展方向。重疾险属于纯保障型产品，其自身的保障功能和特点决定其应有的发展方向。

应在社会医疗保障体系建设中发挥重要作用

2020年3月5日，《中共中央　国务院关于深化医疗保障制度改革的意见》印发，在改革发展目标部分明确提出："到2030年，全面建成以基本医疗保险为主体，医疗救助为托底，补充医疗保险、商业健康保险、慈善捐赠、医疗互助共同发展的医疗保障制度体系。"在商业健康保险中，重疾险是重中之重，因此重疾险未来的发展方向必须以承担社会责任为己任，在建设以基本医疗保险为主体，多种形式共同发展的医疗保障制度体系中发挥重要的作用，而不能仅仅以行业的发展为目标。

应与社会大众对产品的认识水平和风险承担能力相适应

重疾险产品是一个比较复杂的产品，需要客户有一定的保险知识、健康知识以及较高的风险意识和相应的购买能力，才能为自己配置到所需的、合适的产品，才能实现消费水平与保险保障相匹配。我国寿险市场保费规模虽然庞大，但保障程度还很低，保险的覆盖面还很小，基本属于初级市场。因此，应该尽量将复杂的产品简单化，让消费者能够看得懂，买得明白，而不要将本来很简单的产品故意复杂化，不仅客户看不懂，连销售人员都搞不明白。

另外，重疾险发展的历史相对较短，引入我国的时间也不长，保险从业人员的相关知识是有限的，对大众的普及教育更是粗浅，主要靠保险公司单方面的宣传和销售人员的推介。消费者也普遍缺乏相应的保险知识，特别是对一些比较复杂的重疾险产品，消费者的知识水平有限，不能完全看懂复杂重疾险产品中的"技术含量"。因此，为了能让消费者明明白白买重疾险,保险公司应该注重开发、销售一些简单、实在,消费者能看明白并能够承担得起保费的大众化重疾险产品。

应成为社会大众"买得起,有保障"的产品

"买得起,有保障",是指投保人能够承担得起保费,保额基本能够满足罹患重疾所需的医疗费用。人人都有可能罹患重疾,因此重疾险的受众群体是整个社会大众。但是,不同的人对重疾险保费的承受能力不同。保险公司在未来的产品开发中,不能只顾保费规模,还要兼顾大众对重疾险的需求和保费承担能力,让大众都能"买得起,有保障"。

中国保险行业协会的研究显示[1],2020年上半年,我国重疾险人均保费按不同的渠道为2 258~2 497元。

2019年,我国家庭人均月收入低于2 000元的占比为50.7%,约有7.1亿人。

华泰证券研究报告[2]对4家寿险公司在同一条件下重疾险保单的杠杆率做了比较。对于20年期交费的重疾险,18岁时购买重疾险可获得3.0~4.0倍的杠杆,而在55岁时购买该保险产品,杠杆仅略高于1.0倍。当前消费者已经拿出自己收入的1/10购买了重疾险产品,但能够获得的保障却不高,所以普遍认为重疾险产品有些贵。

---

[1] 中国保险行业协会.2020年"后疫情"时期商业健康保险发展情况调研报告.2020.
[2] 华泰证券.重疾险的未来.2021.

重疾险产品之所以被认为贵，是因为当前重疾险产品多数是综合、终身型产品。一是病种多，提供几十种甚至百余种疾病保障；二是责任多，提供轻症、中症、多次给付、分组给付责任，还有豁免保费；三是限期交费，保险期间是终身，但交费期间却是限期，等于提前交付全部保费；四是保费返还，不仅提供保险保障，还拥有"有病赔钱，没病储蓄"的价值；五是含身故责任，被保险人死亡时还要给付保险金。"羊毛出在羊身上"，各种因素叠加在一起，自然是将保费价格也推上去了，出现了保费贵的现象。

保费贵实际上是一把"双刃剑"。一方面可以促进保险公司保费规模的快速增长，同时也增加销售人员的佣金收入；但另一方面会让一些有购买意愿的消费者望而却步。

解决保费贵的问题并不难。

一是减少病种。能够保障百余种疾病固然好，但高发重疾主要集中在少数基本病种上。新版重疾表披露，在男性理赔案中，6种核心重疾理赔件数占比为86.0%，7~28种标准定义重疾理赔件数占比为10.6%，也就是说规定的28种重疾涵盖了96.6%的理赔案。在女性理赔案中，6种核心重疾理赔件数占比为91.0%，7~28种标准定义重疾理赔件数占比为6.8%，28种重疾涵盖了97.8%的理赔案。详见表7-1。

表7-1 2014—2018年分性别疾病原因占比

重疾病种	男	女
恶性肿瘤	53.6%	82.5%
急性心肌梗死	17.0%	2.2%
脑卒中后遗症	10.2%	4.1%
重大器官移植术	0.3%	0.1%
冠状动脉搭桥术	1.0%	0.2%
终末期肾病	4.0%	1.8%
28种内其他	10.6%	6.8%
28种外其他	2.6%	1.5%
未知	0.8%	0.6%
总计	100.0%	100.0%

注：由于不同产品的病种覆盖度不同，非行业病种的赔案占比小于重疾发生率占比。

所以，将重疾险病种数量降下来，以基本的28种重疾为核心保障，其他重疾病种可以设计成附加险供客户自己选择，这样实际的保障程度还是很高，但保险费率可以相对降低。

二是多做定期。据国家癌症中心发布的最新一期全国癌症统计数据[1]，青年人群中恶性肿瘤发病率处于较低水平，40岁以后发病率开始快速升高，发病人数分布主要集中在60岁以上，到80岁年龄组达到高峰。不同恶性肿瘤的发病率年龄分布有差异。详见图7-1。

---

[1] Siwei Zhang, Kexin Sun, Rongshou Zheng, et al. Cancer incidence and mortality in China, 2015[J]. Journal of the National Cancer Center, 2021, 1（1）: 2~11.

图7-1 癌症发病率变化

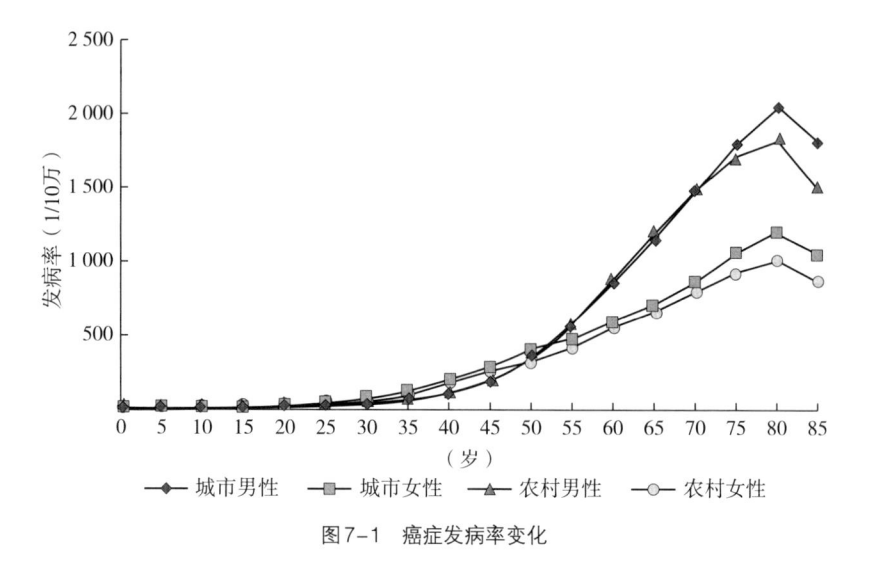

多为消费者提供保险期间10～20年，或者保障至70岁、80岁的定期重疾险产品，就可以将费率降下来。因为终身的疾病发生率与定期疾病发病率相差较大，直接导致两者在费率上的差别。业内研究显示[①]，以重疾险产品弘康健A为例，30岁的男性购买30万元保额，如果选择了30年交费，保障至70岁，保费是3 450元/年；如果保障终身，保费是5 450元/年，相差了2 000元。

三是减少给付责任。轻症、中症、多次给付、分组给付，看似赔付多次、保障充分，但都发生在一个人身上的概率有多大？假如都发生在一个人身上，又有几个人能抗住这些重疾以及相关治疗（如放疗、化疗）的折磨。所以，应该现实地设计给付责任，而不要炒噱头。轻症是必要的，多次给付应该现实一些。

---

① 资料来源：https://mp.weixin.qq.com/s/kvtdxWkXL_EHXIvV5MoOCQ。

四是剔除保费返还。重疾险保费返还，从原理上是在重疾险上"捆绑"了一个以保费总额为保额的"零存整取"的储蓄型保险。因为有储蓄因素，保费必然贵。反之，保费则会相对便宜。重疾险产品要以提供保障为主，对于需要保费返还的投保人，可以通过附加险产品来满足投保人的需求，而不必给所有人都返还保费。

可见，要让大众能"买得起，有保障"，才是重疾险发展的根本方向，才能使重疾险面向大众。重疾险未来发展方向是针对不同细分市场的差异化产品，而不是综合性重疾险产品。

应实现高质量发展

我国经济发展已经由高速增长阶段转向高质量发展阶段。保险业也要由高速增长阶段转向高质量发展阶段。2019年年末，银保监会发布的《中国银保监会关于推动银行业和保险业高质量发展的指导意见》（银保监发〔2019〕52号）提出，单纯的经济增长不等于发展，发展本身除了有"量"的增长要求，更重要的是要在总体"质"的方面有所提高和改善。与此相适应，重疾险产品要由过去的规模发展转向未来的高质量发展。

重疾险高质量发展主要体现在良好的业务结构上，包括渠道结构、保费结构、年期结构、费用结构、利润结构。

渠道结构

渠道结构的高质量体现在自己掌控销售渠道首年保费占比高。

是否有自己掌控的销售渠道，成为寿险公司业务发展的决定性因素。有掌控的销售渠道，就有新单业务发展的主动权，通过产品战略实现公司的整体发展战略，就能够使业务持续稳定发展。否则，就可能在新单销售上"受制于人"，而不能完全按照自己的意愿实施产品战略。

个代、直销和有控股关系的渠道（如银邮、经代渠道）都是寿险公司自己投入资源建设的销售渠道，因而是自己能够掌控的渠道。

每年能够掌控的销售渠道提供的首年保费收入占到当年首年保费收入的70%以上，这样的渠道才算是有可控、稳定、可持续发展的销售渠道。

保费结构

保费结构的高质量体现在续期保费占比高。

寿险保费结构主要由首年保费与续期保费构成。首年保费中又分为趸交保费与期交保费。要实现高质量发展，保费结构要高质量。由于重疾险产品趸交保费少，所以重疾险保费结构高质量主要体现在首年保费与续期保费的占比上。续期保费占比越高，保费质量结构越好。

首年保费是重疾险当年的"产值"，体现公司重疾险的销售业绩。因为重疾险总保费里包含续期保费，属于以前年度销售的业绩在本年度的保费收入，所以重疾险总保费不是寿险公司当年度的"产值"。

重疾险首年保费占比反映公司对销售能力的依赖程度。重疾险首年保费即是当年销售业绩，也同时体现寿险公司的销售能力。因此，其占总保费的比重直接反映公司对当期销售能力的依赖程度。重疾险首年保费占比高，则依赖程度高；否则，就低。依赖程度高，对公司当年发展的压力就大；否则，就小。依赖程度高，保费增长的稳定性就低；否则，就高。总之，寿险公司只有尽快摆脱对首年保费的严重依赖，才能逐步进入持续稳定的业务发展阶段。

续期保费最大的特点是保费具有滚存性，显示公司持续稳定的保费收入能力。续期保费的滚存性主要源自之前期交保单续期保费的不断积累。滚存性的效果决定保费的持续增长能力。

因此，就重疾险保费结构的高质量而言，寿险公司应该逐渐减少对首年保费的依赖，减少业务的波动性，使续期保费占总保费的比重尽快达到70%，努力形成续期保费拉动增长模式。

年期结构

年期结构的高质量体现在定期保险产品占比高。

对于重疾险产品而言，随着医学和医疗技术的发展，今天的重疾明天可能就是轻症。另外，重疾患者癌症5年生存率、10年生存率也会不断提高，这对被保险人来讲是好事，但对保险公司来讲则是潜在的经营风险。所以，重疾险产品不是保单期限越长对公司经营效益越有利，而是定期重疾险产品对公司经营效益最有利。一方面可以定期调整产品设计，另一方面也可以提高产品性价比，扩大业务量，降低整体业务风险。高质量的年期结构应该是定期重疾险产品保单件数占整个重疾险产品保单件数的比重在70%以上。

费用结构

费用结构的高质量体现在公司续期保费创费高。

通常来讲，寿险需要7~8年才能"打平"。这里的"打平"指的是费用收入与费用支出的"打平"，即公司经过7~8年的发展，已经积累到一定的续期保费业务量，通过续期保费加上当年的首年保费能够提取的产品定价费用（包括佣金），足够支付公司当年全部的费用开支，并从下一年度开始实现费用的结余。寿险公司费用收支结构详见图7-2。

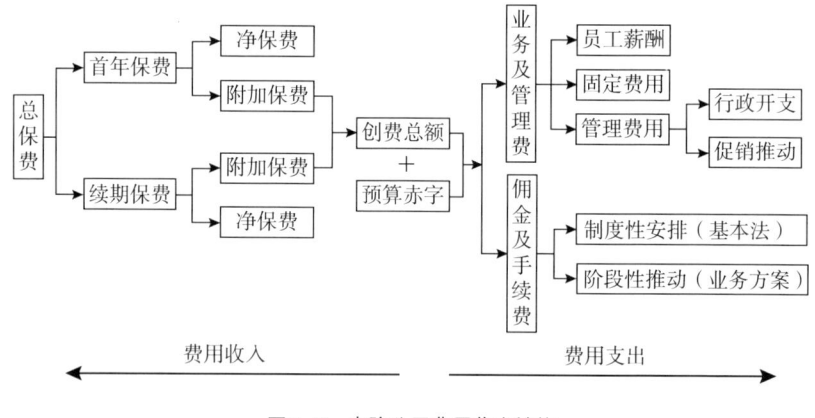

图7-2 寿险公司费用收支结构

要实现7~8年寿险公司费用收支的"打平"，关键是要有一个良好的费用收支结构。寿险公司的费用支出可分为两大部分：

佣金及手续费支出、业务及管理费支出，而这两大费用相对应的收入都是从产品设计的定价费用中提取，并与保费收入正相关。在实际经营中，佣金及手续费与保费收入正相关，保费收入越多，佣金及手续费支出越多；保费收入越少，佣金及手续费支出越少。只要实际的佣金及手续费支付比例没有超过产品设计比例，就不用担心佣金超支。但公司业务及管理费不同，创费与保费收入正相关，而实际的支出不一定正相关。因为公司的业务及管理费支出并不都是随保费增长而增加，绝大部分是固定性开支，在公司人员逐步到位、职场不再扩张的情况下，寿险公司的这部分费用支出趋于稳定。

在公司创办初期，由于业务量小，创费有限，公司经营主要体现在费用亏损上。但随着保费收入规模的提升，能够提取的费用也越来越多，当达到提取的费用与实际支出平衡时，就是行业常说的"打平"。

寿险公司良好的费用收支结构应该是：

在创费上，公司当年能够提取的费用总额中，来自续期保费部分占比在50%以上，来自首年保费占比在50%以下。

在支出上，寿险公司经营管理费用基本划分为三大部分：薪酬部分、固定费用（如房租、折旧）、日常管理费用。以两个大型寿险公司多年的实际数据和经验表明，在全部经营管理费用（不包括佣金）中，薪酬占比50%~55%，固定费用占比20%左右，日常管理费用占比25%~30%。

利润结构

利润结构的高质量体现在死差益、费差益占比高。

寿险公司的利润主要来自3个方面：利差益、费差益和死差益（也称"利源三要素"）。利差益取决于资本市场的环境和公司的资产管理表现；费差益取决于公司保费的创费能力和当年的成本控制能力；死差益取决于公司产品设计的风险偏好和实际的核保核赔风险管控的水平。

从寿险公司经营的特点看，经营利润应该主要来自公司的死差益和费差益，两者应该占利润总额的80%以上。因为死差益和费差益主要体现公司的经营管理能力和水平，具有一定的可控性。利差益，一方面看资本市场的表现，具有较大的不稳定性和不可控性；另一方面为了增加产品竞争力，绝大多数利润会以分红的方式"返还"给投保人，公司所剩不多。

应符合防范风险的总体要求

重疾险产品风险主要是产品设计风险、承保风险、理赔风险和资产负债匹配风险。

产品设计风险

重疾险产品设计主要依赖重疾经验发生率，但重疾经验发生率不像死亡率、意外伤残率那样相对稳定，特别是受"健康中国行动"政策、医学和医疗技术进步、罕见疾病不断被发现、重疾患者生存率不断提高、现有经验数据严重不足、给付方式复杂多样等多方面的影响，重疾经验发生率存在巨大的不确定性，对产品设计提出巨大挑战。

产品设计风险会导致所有销售的保单在整个保险期间都会亏损。我国20世纪90年代销售的高定价产品造成整个行业利差损持续20余年，这是惨痛的教训。一些业务量小的中小型寿险公司，更是经不起产品设计亏损。

因此，重疾险产品在设计上必须采取慎重的态度，保守地确定经验发生率，多增加一些未来风险变化因素的保险系数。不能只为保费增长快而开发激进的产品，也不能盲目跟进市场好销售的产品，更不能打着创新的旗号开发所谓的"爆款"产品。守住产品设计风险，也就守住产品不发生整体亏损的底线。

承保风险

承保风险主要是逆选择风险。早期诊断技术、基因检测的推广，液体活检的临床应用，数字化超声技术、三维超声技术、超声造影成像技术等医学影像诊断技术的进步，肿瘤标志物、特异性蛋白和酶检测等细胞生化技术的不断发展，消费者获知自己患重疾的比例将不断提高，从而会推升逆选择风险。逆选择风险虽然是局部风险，主要影响保单最初几年的经营效益，但如果持续不断甚至大量出现，也会形成较大的潜在风险，甚至引发重疾险产品的系统性风险。

可以从以下方面强化重疾险产品承保环节的风险管控。

一是制定比较保守的重疾险产品核保规则，降低产品风险偏好。

二是严格执行承保风险管理规则，不应该为了销售业务规模而"有法不依"，让作为业务风险大门的核保形同虚设。

三是提升核保人员的专业素质，专业的人去做专业的事。

做到了这些，也就守住了不因承保引发重疾险产品系统性风险的底线。

理赔风险

理赔风险主要是保险欺诈风险。只要有"专科医生明确诊断"就能得到保险公司的定额给付，容易使一些人铤而走险，制造假诊断证明骗取保险金。重疾险相对于死亡保险产品、意外伤害保险产品，保险欺诈风险更大，而且逐渐呈现出人员专业化、团伙化、时间持续化，作案手段智能化，资金巨额化趋势。保险欺诈虽然很难引发系统性风险，但也会造成某一年度或"局部"地区较大的亏损。

保险公司可以从以下方面加强反保险欺诈能力建设。

一是加强理赔队伍建设，将理赔人员逐步培养成反保险欺诈专业人员。

二是充分利用大数据、风控模型等科技手段，提升反保险欺诈能力建设。

三是与相关部门建立紧密的合作关系，将反保险欺诈纳入金融欺诈范畴，依靠国家反欺诈力量，提高行业整体反欺诈能力。

资产负债匹配风险

重疾险资产负债匹配风险主要是利差损风险。

2020年新冠肺炎疫情对全球经济产生了重大影响。为应对经济急速下滑，许多国家采取了进一步宽松的货币政策，众多发达经济体的政策利率降至零甚至负利率，带动10年期国债收益持续下行。截至2020年10月底，日本、德国、法国相继将政策利率调整至负利率水平，美国国债收益率持续走低。尽管目前中国利率仍处于2.5%以上水平，显著高于发达市场，但随着中国经济由速度规模向高质量转型发展，长期利率具有下行压力，从而会带动债券收益率缓慢下降，使保险资产收益率承压。

利率下行及低利率风险主要影响保险公司的资产负债状况。长期重疾险产品由于现金流期限较长，准备金负债对利率变动非常敏感。2020年3月，银保监会发布《保险资产管理产品管理暂行办法》，该办法对金融机构的投资范围做了进一步约束，保险资金可投资的安全资产更有限，再加上债券市场违约风险的上升，进一步加剧了保险资金的中长期配置压力。

此外，由于长期重疾险负债端存量业务具有成本刚性，新增业务定价利率调整相对滞后，资产收益率长期处于较低的水平，不仅存在产生长期利差损的风险，而且进一步增加偿付能力压力。

按照2019年7月银保监会印发的《保险资产负债管理监管暂

行办法》，对资产负债管理能力不同等级的保险公司还要实行差异化管理，多种因素叠加作用会引发公司经营出现系统性风险。

要防范重疾险产品出现利差损风险，一是产品设计的预定利率要保守，降低负债的压力；二是以销售定期重疾险产品为主，降低负债久期，缩减资产负债匹配的缺口；三是加大长期安全性资产配置力度，努力保证资金的安全。

第 8 章
重疾险的基本经营策略

关键词：

财务与业务目标、保费增长模式、市场竞争意识、业务发展市场、核心业务经营一个险种，必须要有明确的经营策略。重疾险的经营策略主要包括明确的财务与业务目标、保费增长模式、市场竞争意识、业务发展市场、核心业务5个方面。

制定明确的财务与业务目标

寿险公司的经营目标可以分为财务目标和业务目标。

财务目标

财务目标是公司经营各个险种所追求的财务结果。财务目标具体为创费目标、成本目标和盈利目标。

创费目标

创费目标是指能够从保费收入中提取的用于公司经营管理费用的目标。费用是维持公司正常发展的财务资源。每一个寿险公司以及分支机构都要解决费用开支问题。公司成立初期所需要的经营管理费用靠股东的投资,即资本金。经过一定时期后,公司所需的经营管理费用应该靠自己业务的创费,即从保费中提取。

寿险公司的经营管理费用包含在产品设计的附加保费中,寿险公司通过保费收入,按产品设计的预定附加保费的比例提取。提取之后,在财务上分为两部分:一部分用于支付公司的经营管理费用,一部分用于支付代理人的佣金及手续费。详见图8-1。

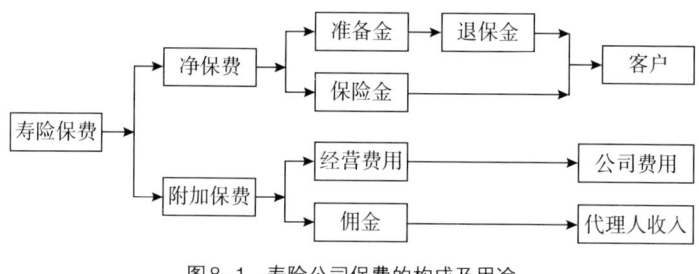

图8-1 寿险公司保费的构成及用途

重疾险是长期保障型产品,也是件均保费比较高的险种,因此重疾险附加保费相对也可以高。

在确定重疾险经营战略时,应该明确重疾险的附加保费目标,即通过重疾险保费收入,公司能够提取的经营管理费目标和支付给代理人的佣金目标。在实际的业务处理中,创费目标是通过年度业务计划与财务预算来编制的,具体如下。

年度创费计划总额=重疾险产品保费收入计划×产品附加费用率

创费目标有两种确定方法：一是以支定收法，即以年度预计费用支出确定最低的费用收入；二是以收定支法，即以年度预计费用收入确定费用支出。因为产品附加费用率在产品设计时就已经确定，所以年度创费计划总额多数是靠调整产品保费收入计划来达到预期目标。依此做出的费用预算，可以是亏损的预算（费差损）、平衡的预算、有结余的预算（费差益）。

假设公司只有一款终身产品，产品预定费用65%，其中佣金50%、附加费用率15%，公司年度保费计划为10 000万元，则公司的创费目标为1 500万元（10 000万元×15%）。

另外，根据年度财务预算安排，年度费用支出计划需要1 800万元，因此按照以支定收法，就要调整年度保费收入计划，则保费收入需12 000万元（1 800万元/15%）。

或者不做保费收入计划调整，就是亏损300万元的费用预算。

寿险公司在编制年度费用预算时，也要编制佣金收支计划，具体如下：

年度佣金总额 = 重疾险产品保费收入计划 × 产品佣金率

编制佣金收入计划是为了预防保费收入计划增长了，但佣金收入总额却下降了。当发生产品结构调整的时候，很容易出现这种情况。

实现创费目标，最重要的是在产品设计上要保证能够提取的费用足够。监管部门对不同险种的附加保费有不同的规定，应该用足监管政策，最大量设计附加保费，而不应该靠削减附加保费来降低产品价格，以保证提取的费用能够维持日常的经营管理费用支出。特别是在公司成立初期，如果通过降低费率获得业务，那么超支的费用就只能"吃"资本金了，不仅不能尽快实现"自己养活自己"，而且很容易形成恶性循环。

一些公司成立十几年了，也有了一定的业务规模，但仍然是费差损，多数是没有创费目标或创费目标不明确。

成本目标

成本目标是指公司在日常经营管理中对成本控制的目标。在寿险公司，具体的成本目标就是努力将费用开支控制在从保费中能够提取的附加保费内，即不出现费差损。寿险公司的费用开支主要有薪酬福利、固定费用（如租金、折旧）、日常管理费用、促销费用4个部分。在公司机构人员基本到位后，薪酬福利、固定费用和日常管理费用基本趋于稳定，每年增长基本随员工数量增加而增长。而促销费用是弹性比较大的开支，可多投入，也可少投入。因此适当控制员工人数增加，有效控制促销费用是寿险公司控制成本开支的主要方法。

盈利目标

盈利目标是指公司预期获得经营利润的目标。

赢利是股东投资的最大愿望。经营的险种如果没有赢利，那么公司所追求的业务发展、业务本身的长期健康性以及公司的生存都将受到威胁。无论是股东还是潜在的投资者都不会继续投资一个没有满意财务结果的寿险公司。寿险公司的利润主要来源于死差益、费差益和利差益。寿险公司保费与"利源三要素"的关系详见图8-2。

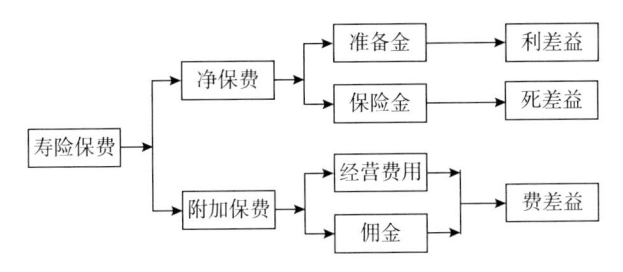

```
                            ┌─ 准备金 ──→ 利差益
                  ┌─ 净保费 ─┤
                  │         └─ 保险金 ──→ 死差益
    寿险保费 ─────┤
                  │         ┌─ 经营费用 ─→
                  └─ 附加保费┤              费差益
                            └─ 佣金 ─────→
```

图8-2 寿险公司保费与"利源三要素"的关系

利差益来自保单准备金的投资运用，死差益来自公司理赔支出，费差益来自公司成本控制。三者的综合结果决定公司的盈亏。

寿险公司应该分别制定不同险种的"利源三要素"目标，而不仅仅是总的盈利目标。

财务目标分为短期、中长期和长期目标。如果是新寿险公司，短期是年度财务计划，中长期是费用"打平"目标，长期是盈利目标。

业务目标

业务的发展目标不仅仅是首年保费增长目标，还应该包括价值保费增长目标、渠道发展目标、保费结构目标、保单年期结构目标。

首年保费增长目标

首年保费是寿险公司的产值，所以保费增长目标主要是首年保费增长目标。只要首年保费持续增长，在正常的保单续保率下，就能实现总保费的持续增长。

首年保费销售成本支出最大，因此应该结合公司可投入资源制定循序渐进的首年保费增长目标，而不能是"跨越式"发展目标，以免出现增长瓶颈或持续增长能力不足。应该结合保费的特点制定首年期交保费增长目标，逐步形成续期拉动保费增长的模式。

价值保费增长目标

新业务价值是在签发保单时保单未来税后可分配利润的折现值。价值保费高，意味着未来的利润高。在保持保费增长的同时也要保持新业务价值的增长。

如果只有保费增长而没有新业务价值的增长，是没有顾及股东利益的行为。所以，在制定险种经营目标时必须要有价值保费增长目标，只有这样，才能实现客户、销售人员、公司和股东利益的全面协调发展。

渠道发展目标

寿险公司必须要有自己掌控的销售渠道，否则就没有业务发展的主动权。寿险公司必须要有计划地建立自己掌控的销售渠道，将渠道发展目标与价值保费增长目标相结合，确保保费增长与价值增长同步。

保费结构目标

保费结构，一方面影响保费的持续增长能力，另一方面决定保费增长模式。寿险保费结构主要由首年保费与续期保费构成。首年保费中又分为趸交保费与期交保费。

不同的保费结构可以形成不同的保费增长模式。如果在总保费中以首年保费以及趸交保费为主要目标，将形成趸交保费推动增长模式；如果在总保费中以续期保费增长为主要目标，将形成续期保费拉动增长模式。所以，保费结构目标不同，直接导致保费增长模式不同。寿险公司既要制定首年保费增长目标，也要制定续期保费增长目标。

保单年期结构目标

年期结构实际上形成的是保单的负债久期结构。从寿险公司经营管理的角度来看，保单的年期越长对寿险公司的经营越有利。例如普通寿险保险年期越长，寿险公司相对风险越少。但并不是所有的产品都是保单期限越长越好，例如医疗险、重疾险的保单年期越长，经营风险越大。寿险公司应根据不同的险种确定不同的年期结构目标。对于风险性较高，风险因素变化较快的险种，如医疗险、重疾险应以短期、中短期保单为主，即短期、中短期保单占比70%以上；而对于风险长期稳定的险种，如普通寿险、养老保险则以长期保单为主，即长期保单占比70%以上。

确定保费增长模式

寿险保费增长模式有两种，一种是趸交保费推动增长模式，另一种是续期保费拉动增长模式（见图8-3）。

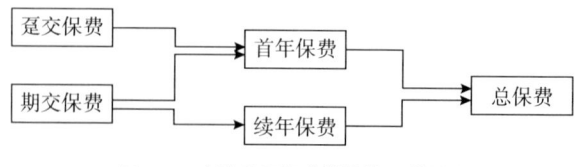

图8-3 寿险公司保费增长的两种模式

趸交保费推动增长模式

趸交保费推动增长模式，是指通过趸交保费的增长推动总保费增长的模式。通常是总保费中续期保费增长有限，主要依靠趸交保费增长推动总保费增长，通过表8-1来说明此过程。

表8-1 趸交保费推动总保费增长示例

	第N年		第$N+1$年	增长率（%）
首年保费	500		700	40
其中：首年期交保费	50		50	0
趸交保费	450	+200	650	44
续期保费	200	$50 \times 85\%$ $200 \times 90\%$	223	11
总保费	700		923	32

假设第N年，总保费是700，第$N+1$年，总保费是923，增长率约为32%。那么，增长的主要因素是什么？

首先看首年保费。在首年保费中，第N年是500，第$N+1$年是700，比上年增加200，增长率为40%。在首年保费中，期交保费第N年是50，第$N+1$年也是50，并没有增长。趸交保费中，第N年是450，第$N+1$年是650，增加200，增长率约为44%。可

见第 $N+1$ 年首年保费增长的只是趸交保费的增长，期交保费并没有增长。

再看续期保费。第 N 年的续期保费是200，第 $N+1$ 年约是223，增长率约为11%，来自第 N 年期交保费50在第 $N+1$ 年有85%的续保，以及第 N 年200续期保费在第 $N+1$ 年有90%的续保。

从这个示例来看，第 $N+1$ 年主要是靠趸交保费增加200，推动总保费增长约32%，这就是趸交保费推动增长模式。

通常，如果首年保费中，趸交保费占比超过70%，续期保费占比低于30%，就可以判定属于趸交保费推动增长模式。

趸交保费推动增长模式的特点：一是初期可以快速扩大规模，实现保费高速增长；二是业务增长波动性大；三是经过一段时间，增长会遇到瓶颈。

续期保费拉动增长模式

续期保费拉动增长模式，是指通过续期保费的增长拉动总保费增长的模式。通常是首年保费基本不增长，主要靠上年期交保费在本年续保，拉动续期保费增长，进而实现本年度总保费规模的增长。通过表8-2说明续期保费拉动总保费增长。

假设第 N 年总保费是550，第 $N+1$ 年总保费是690，增长率约为25%。那么，增长的主要因素是什么？

首先看首年保费。在首年保费中，第 N 年是250，第 $N+1$ 年也是250，没有增长。

再看续期保费。第 N 年的续期保费是300，第 $N+1$ 年是440，增长率约为47%。增长来自第N年期交保费200在第$N+1$年有85%的续保为170，以及第N年300续期保费在第$N+1$年有90%的续保为270。

表8-2 续期保费拉动总保费增长示例

	第N年	第$N+1$年	增长率（%）
首年保费	250	250	0
其中：首年期交保费	200	200	0
趸交保费	50	50	0
续期保费	300	200×85% 300×90% 440	47
总保费	550	690	25

从这个示例来看，第$N+1$年期交保费没有增长，结构没有大的改变，但因为第N年首年期交保费在本年度的续保增加140，拉动总保费增长约25%。

通常，如果首年保费中期交保费占比超过70%，总保费中续期保费占比超过60%，就可以判定属于续期保费拉动增长模式。

续期保费拉动增长模式的特点：一是只要首年期交保费基本稳定，续期保费就能保持增长，总保费就会持续稳定增长；二是能够充分体现续期保费的滚存性；三是期交保费的久期越长，续期拉动的效果越明显。

两种模式的比较

两种增长模式的差别在于持续发展能力不同。趸交保费推动增长模式对当期保费收入影响大,但长期的持续增长能力较低;续期保费拉动增长模式下保费持续增长能力强,但前期需要一定的时间积累才能有规模。两种保费增长模式的比较详见表8-3。

表8-3 续期保费拉动增长模式与趸交保费推动增长模式的比较

内容	续期保费拉动增长模式	趸交保费推动增长模式
增长因素	• 主要通过上年期交保费在本年度的续保 • 对后期保费增长有影响,久期越长,影响越长	• 主要依靠当期趸交保费 • 对当期业绩增长有影响,对后期保费增长没有影响
优势	• 续期保费有滚存性 • 短期投入、长期受益 • 保费规模持续稳定增长 • 利于促进价值保费持续稳定增长	• 可以在较短时间内快速做大保费规模 • 能阶段性解决公司现金流需要
劣势	• 前期业务投入较大 • 在规模效应未显现之前,增长较为缓慢,需要时间积累	• 保费规模易波动 • 增长到一定阶段有瓶颈 • 趸交保费价值较低 • 有现金流风险

树立市场竞争意识

要想在市场中生存发展,就必须要树立竞争意识。

看自己更要看行业的市场意识

寿险公司关注自己业务发展是必要的,关注整个行业发展是必需的。

在同类业务中,自己发展得再好,但是落后于行业的发展都是不好的。

应该准确把握行业各类业务发展动向，做到与行业同类业务保持同步发展，甚至能够在某些细分市场引领行业某类产品发展。

应该把自己放到行业当中去，用行业的发展速度、质量来衡量和检验自己的发展，努力保持与行业同步甚至超过行业的发展。

看计划更要看市场的发展意识

董事会年年给管理层下达年度业务计划，管理层也年年给分支机构下达年度业务计划。

关注年度计划是必要的，关注市场发展是必需的。

尽管自己的年度计划已经有很高的增长，但与市场相比，低于市场的增长也是低增长计划。

各级公司应该将上级公司下达的年度业务计划当作参考数，更进一步当作年度业务发展的底线，依据当地市场发展来制定自己的年度业务发展计划、目标和速度，以市场的发展来衡量自己的发展。

与自己比更要与对手比的竞争意识

通常公司都习惯跟自己的过去比，跟系统内其他机构比，这些都是跟自己比。

跟自己比是必要的，跟竞争对手或对标公司比是必需的。

不仅要看自己业务的增长，更要看竞争对手或对标公司的业务增长。

要跳出自己跟自己比的习惯，要学会与竞争对手比。

通过盯住竞争对手或对标公司的发展来制定自己的发展战略、发展目标。只有保持或超过竞争对手或对标公司的发展速度，才能在竞争中保持市场地位。

看增长更要看份额的危机意识

现实中往往会出现业务增长，但市场份额下降的情况。

在正常的业务发展中，如果整体业务市场或主流业务市场份额下降，意味着市场地位的下降。

看自己业务增长是必要的，看市场份额变化是必需的。

处于领先地位的公司，更要时刻有被人超过，或市场份额开始下降的危机感。

选择业务发展市场

第7次全国人口普查显示，我国目前居住在城镇的人口为90 199万人，占63.89%；居住在乡村的人口为50 979万人，占36.11%。与2010年相比，城镇人口增加23 642万人，乡村人口减少16 436万人，城镇人口比重上升14.21个百分点。随着我国新型工业化、信息化和农业现代化的深入发展和农业转移人口市民化政策的落实，我国将继续稳步推进新型城镇化建设，人口将继续向城镇移动。因此，未来寿险业务市场主要在城镇。当前，城区（包含发达地区的乡镇）才是寿险公司竞争的核心市场，首先要拓展、争夺的市场。

城区市场是基本市场

寿险业务发展需要有一定的经济基础，即人们在解决了温饱问题之后才会考虑购买人身险解决未来的问题。我国现阶段城区的经济条件远比农村好，发展寿险所需要的基本条件也比农村好。

我国保险业虽然发展很快，但就保障型产品的发展而言目前仍是初级市场，城区市场的覆盖面、渗透率都很低。

城区居民对于养老、医疗、健康、子女教育、意外保障等潜在需求大，购买保险的意愿高。

从寿险市场的发展规律来看，新兴寿险市场一般都遵循"先城市、后农村"的发展轨迹，即寿险公司首先着眼于抢夺经济条件和市场基础较好的城区市场，在城区市场达到一定饱和之后，再开拓农村市场。所以，寿险公司应该将城区市场作为业务发展的基本市场。

决定行业地位的重要市场

城区市场是决定公司行业地位的重要市场。大市场不能没有大公司，大公司必须占领大市场。

从战略上讲，城区市场是各家公司的必争之地。没有城区市场的主导地位，也就谈不上在整个行业的主导地位。

寿险公司必须首先着力提升城区市场的竞争能力，以强化或巩固公司在行业的地位。

备受社会各界关注的市场

城区市场的竞争状态是衡量公司深层次、持续性竞争能力的重要标志,受到股东、投资者、媒体的广泛关注,是外界判断公司当前发展基础和未来发展潜力的主要依据。

大中城市公司业务发展情况具有重要的品牌效应和示范效应。城区市场的发展水平关系到公司的品牌形象和市场地位,关系到公司上下对未来发展的信心。

寿险公司必须首先要经营好城区市场,赢得城区市场竞争的主动权。

明确核心业务

寿险公司应该以长期性期交保费为核心业务。因为期交保费具有自然增长、滚存性的特点,不仅可以形成稳定的现金流收入,还可以形成保费持续稳定的增长能力,并为公司提供长期稳定的现金流入。

保费自然增长性

如果当年的首年期交保费是半年交、季交或月交,则不需要任何因素影响,就能够形成下一年度的自然增长,这种现象被称为保费的自然增长性。保费的自然增长如图8-4所示。

年交保费		5×Pm					12×Pm			
月交保费	Pm	Pm	Pm	Pm	Pm	Pm	Pm	Pm	……
月份	8	9	10	11	12	1	2	3	

图 8-4　保费的自然增长

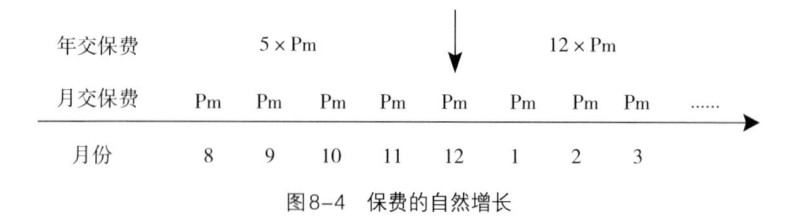

假设投保人上年 8 月投保寿险，选择月交保费，所交期交保费是 Pm（Pm 是精算符号中的月交保费），该投保人截至上会计年度末（12 月 31 日），一共支付了 8、9、10、11、12 月共 5 期保费，寿险公司总共收到的保费是 5×Pm。

在本会计年度，该投保人全年每个月都按时交付保费，保险公司总共收到的保险费是 12×Pm。

就这张保单而言，上年度收取的保费是 5×Pm，本年度收取的保费是 12×Pm，比上年度增长了 140%。可见，只是期交保费的方式不同，就可以形成下一个会计年度保费的自然增长，这就是保费的自然增长性。

保费的自然增长性具体为：一是承保年度期交（年交除外）保费越多，下一个会计年度保费的自然增长越大。二是承保年度下半年期交（年交除外）保费越多，下一个会计年度保费的自然增长越大。增长值最大的是 12 月的月交保费；最小值是 1 月的月交保费。

寿险公司在给分支机构下达年度保费收入计划时，应该考虑保费的自然增长性。

续期保费的滚存性

续期保费，是指第二保单年度后的期交保费。续期保费最大的特点就是保费的滚存性，即随着期交保费的持续交纳，续期保费积累的总量越滚越大。

假设首年保费都是2，都是期交保费，保单在以后各个年度都是100%续保，那么续期保费的第1年是2，第2年是4，第3年是6，第4年是8，以此类推，理论上续期保费滚存性的特点是呈算术级数增长，如图8-5所示。

总保费	2	4	6	8	10	12	……
续期保费	0	2	4	6	8	10	……
首年期交	2	2	2	2	2	2	……
年份	1	2	3	4	5	6	……

图8-5 续期保费的滚存性

续期保费的滚存性对保费增长及经营的影响主要有以下几方面。

决定寿险业务经营管理的长期性

财产险保单基本都是趸交保费，只有当年的保费，而没有续期保费，因而财产险是1年期业务，属于短期保险，当年收支，当年清算。而寿险保单不同，主要是长期保单，不仅需要对保单进行长期管理，还需要对续期保费收入进行长期管理，更需要对保单进行长期经营，这些需要决定了寿险业务是长期性业务。

交费结构决定保费增长能力

续期保费主要来自首年期交保费。首年期交保费在首年保费中的占比决定了续期保费滚存性的效果，也就决定了公司保费的持续增长能力。

假设有A、B两个公司，两个公司首年保费都是2，交费年期也相同，只是保费结构不同：A公司首年保费中趸交占比50%，B公司首年保费100%都是期交。在同样的情况下，两个公司保费增长逐渐不同，详见表8-4所示。

表8-4 交费结构对保费增长影响对比

	年份	1	2	3	4	5	6	7
A公司 （首年保费趸 交占50%）	总保费	2	3	4	5	6	7	8
	第一年度保费	2	2	2	2	2	2	2
	第一年度保费期交	1	1	1	1	1	1	1
	续期保费	0	1	2	3	4	5	6
B公司 （首年保费 100%期交）	总保费	2	4	6	8	10	12	14
	第一年度保费	2	2	2	2	2	2	2
	第一年度保费期交	2	2	2	2	2	2	2
	续期保费	0	2	4	6	8	10	12
A总保费/B 总保费		2/2	3/4	4/6	5/8	6/10	7/12	8/14
相对市场占 有率		50/50	43/57	40/60	38/62	37/63	36/64	36/64

第1年，两个公司的首年保费都是2，总保费也是2。但A公司的期交保费为1，B公司的期交保费为2。此时，两个公司总保费之比是2/2，相对市场占有率是50/50。

第2年，两个公司的首年保费都还是2，但A公司因为只有1的上年期交保费在本年度续保，故总保费为3。B公司有2的上年期交保费在本年度续保，故总保费是4。两个公司在第2年年末就开始拉开差距，B公司的总保费比A公司多1，多出的原因是续期保费比A公司多1，导致总保费之比为3/4，相对市场占有率是43/57。

第3年，两个公司的首年保费都还是2。A公司的续期保费经过前2年的滚存为2，总保费是4。B公司的续期保费经过前2年的滚存为4，总保费是6。B公司续期保费规模比A公司多的2，也正是总保费比A公司多出的2。此时，两个公司总保费之比是4/6，相对市场占有率是40/60。

……

第7年，A公司续期保费滚存为6，总保费是8。B公司的续期保费滚存为12，总保费是14。B公司续期保费规模比A公司多的6，正是总保费比A公司多出的6。这个时候两个公司总保费之比是8/14，相对市场占有率是36/64。

通过上面的对比可以看出：两个公司首年保费交费结构不同，导致未来的续期保费滚存的结果不同，并逐渐形成总保费之间越来越大的差异。期交保费在首年保费中占比越高，规模越大，续期保费滚存的速度越快；反之，越慢。

短期期交的滚存性也短

续期保费的滚存性受交费期间的影响，交费期间越长，滚存的时间越长，反之亦然。

假设某公司只有一款产品，交费期间是4年，该产品每年的首年期交保费收入都是2，续期保费100%续保，则该公司续期保费滚存对总保费的影响详见表8-5。

表8-5 短期交费期对保费滚存的影响

第1年	2	2	2	2				
第2年		2	2	2	2			
第3年			2	2	2	2		
第4年				2	2	2	2	
第5年					2	2	2	2
第6年						2	2	2	2
合计	2	4	6	8	8	8	8	8
增长率（%）		100	50	25	0	0	0	0

第1年，首年保费为2，总保费是2。

第2年，首年保费为2，加上第1年续期保费收入2，总保费收入是4，总保费增长率为100%。

第3年，首年保费为2，前2年的续期保费滚存为4，续期保费增长率是100%，总保费收入为6，总保费增长率为50%。

第4年，首年保费为2，前3年的续期保费滚存为6，续期保费增长率是50%，总保费收入为8，总保费增长率为25%。

第5年，首年保费为2，但第1年保单的交费期已经结束，在第5年已经没有续期保费，故第5年续期保费只有第2~4年的保单续期滚存的6，续期保费增长率是0。而第5年首年保费的2刚好补上第1年减少续期保费的2，所以总保费收入仍然是8，总保费增长率是0。以后各年也是如此，续期保费成为一个定数，没有增长，导致公司总保费也是一个定数，也没有增长。

整个公司全部期交保单的平均交费期被称为交费久期（也被称为交费周期），如上例中的4年。交费久期短，虽然可以实现短期内总保费高速增长，但很快会"走出"交费久期，导致公司保费收入增长受阻或出现乏力。

任何一家寿险公司都会存在交费久期的问题，不同公司之间保费持续增长能力的差异，基本上也都是由于交费久期不同导致续期保费滚存能力的差异。

要想实现公司总保费收入持续稳定的增长，就应该积极销售长期性期交保单，尽量拉长交费久期，才能最大限度地发挥续期保费"滚存效应"。

评估或者比较不同寿险公司的保费增长潜力，主要应该看寿险公司的交费久期。

不同期交保费占比与交费期间组合对寿险公司持续发展能力的影响不同。详见图8-6。

	交费期间短	交费期间长
期交保费占比高	期交保费占比高，交费期间短	期交保费占比高，交费期间长
期交保费占比低	期交保费占比低，交费期间短	期交保费占比低，交费期间长

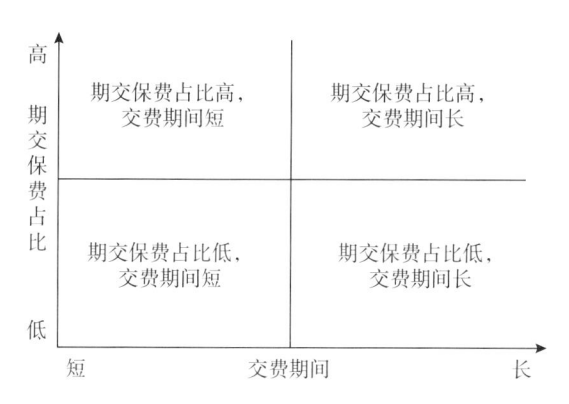

图8-6 期交保费占比与交费期间对持续发展能力影响

期交保费占比低、交费期间短，形成不了续期保费规模，在未来一段时期内，保费收入主要以趸交为主。

期交保费占比高、交费期间短，可以实现短期保费规模快速增长，而一旦"走出"交费久期，就会出现保费增长乏力。

期交保费占比低、交费期间长，虽然能够建立续期保费滚存发展模式，但续期保费收入不能做大规模，对总保费的增长也直接产生影响。

期交保费占比高、交费期间长，保费收入既能形成规模，又能建立续期保费拉动增长模式，总保费持续增长能力也强，这是寿险公司应该追求的一种最佳保费增长模式。

续期保费直接影响市场竞争

续期保费对公司在市场上的竞争会产生直接的影响。例如，在某城市有A、B两个寿险公司，A公司对标B公司做年度保费计划。详见图8-7。

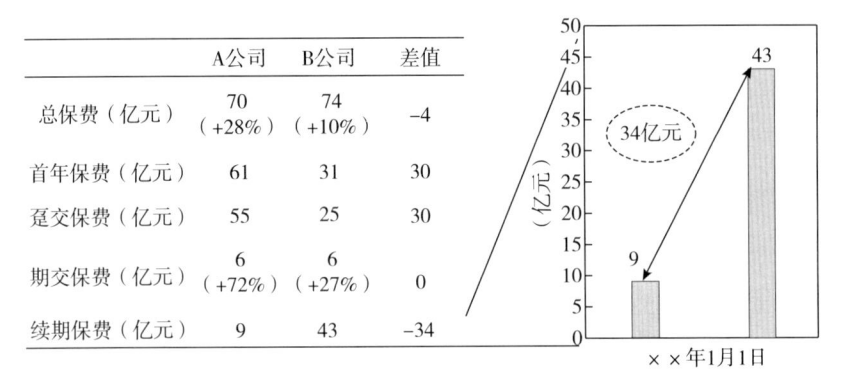

	A公司	B公司	差值
总保费（亿元）	70（+28%）	74（+10%）	-4
首年保费（亿元）	61	31	30
趸交保费（亿元）	55	25	30
期交保费（亿元）	6（+72%）	6（+27%）	0
续期保费（亿元）	9	43	-34

图8-7 续期保费对业务发展的影响

A公司计划年度总保费收入70亿元，B公司计划74亿元，两个公司的差值是4亿元。首年保费收入计划，A公司是61亿元，B公司是31亿元，相差30亿元。其中，趸交保费计划，A公司是55亿元，B公司是25亿元，相差30亿元。期交保费计划两个公司持平，都是6亿元。

A公司要实现70亿元年度总保费计划，比上年要增长28%；B公司要实现74亿元总保费计划，比上年增长10%。

如果A公司期交保费要与B公司持平，达到6亿元的话，A公司期交保费增长率要达到72%，而B公司增长率只需达到27%。

A公司要实现年度保费计划压力如此之大，在于与B公司续期保费的差异。A公司预计续期保费收入只有9亿元，而B公司则有43亿元，这个差距意味着新年度1月1日公司开门那天，B公司比A公司就已经多了34亿元的保费收入。

两个公司的总保费计划虽然只差4亿元，但显然B公司压力小很多。

第一，B公司有34亿元续期保费的领先优势，A公司要靠全年追赶，可能要追赶到12月31日才能够补上这个差距。

第二，A公司趸交需要55亿元，B公司只需要25亿元。

第三，首年保费，A公司是61亿元，B公司是31亿元，A公司约是B公司的2倍，也就是说A公司销售能力必须是B公司的2倍。

第四，如果A公司不能实现期交保费计划的6亿元（A公司的个人代理人数量比 B 公司少 3 000 人），而 B 公司刚好实现期交保费计划的 6 亿元，所产生的差额又会直接影响下年度续期保费的滚存结果。大概率是下年度开业第一天与 B 公司保费差距要多于今年的 34 亿元。续期保费的差距还会拉大，不仅一直处于被动的局面，而且将面临压力越来越大的境地。

可见，一家寿险公司应该将长期性期交业务作为自己的核心业务，这样才能逐步形成续期保费"滚存效应"，建立续期保费拉动增长模式。

第 9 章
产品策略

关键词：

产品定位、领先策略、跟随策略、差异化策略、低费率策略、高费率策略、以附促主策略、产品创新策略产品是寿险公司经营的载体。寿险行业有"成也产品,败也产品"之说,因此产品策略是公司经营的核心策略。寿险公司的产品策略首先从产品定位开始,然后才是依据不同的产品定位实施不同的销售策略。

产品定位

寿险公司对产品实行市场定位,是在行业整体市场开始走向成熟或已经成熟的情况下才会出现的。如果以买方市场和卖方市场来衡量市场的成熟,那么卖方市场的存在意味着市场还不成熟,市场逐渐走向买方市场,意味着市场走向成熟。在卖方市场环境下,推出的产品由寿险公司说了算,市场完全由保险公司主导,而不是消费者,因此也就不存在产品市场定位问题。例如20世纪80年代至90年代,我国保险业基本上只有中国人民保险公司一家，无须进行市场定位也照样独占中国的保险市场。20世纪90年代中期，寿险营销产品刚刚在市场推出时，也曾出现排队购买保险的景象，任何一家寿险公司推出任何一款寿险利差返还型产品，销量都很高。但随着寿险公司的增多，市场开始出现竞争，而且竞争越来越激烈，最终迫使寿险公司从"人无我有"转向"人有我优"，寻找市场空间，为自己的产品定位。

定位概念

产品定位，是指确定各个产品在公司产品链中或市场竞争中所处的相应位置。产品定位包含两个方面，一个是在公司产品价值链中的定位，属于产品在公司内部的定位；另一个是在市场竞争中的定位，属于产品的外部定位。寿险公司推出的每一款产品，都必须有其明确的定位。频繁地推出新产品，盲目地更新换代，其实还是产品定位不清。

产品的内部定位

产品的内部定位，其实就是确定产品的经营目的。人身险产品承载着股东、客户、公司、销售人员、社会5个方面的利益诉求。人身险产品种类繁多，有寿险类、年金险类、健康险类和意外伤害险类，而且各类产品有各自的特点，很难有一个或一类产品能够同时满足股东、客户、公司、销售人员、社会5个方面的利益诉求。多数情况下，能够形成一定规模的产品，新业务价值率都较低；好销的产品，能够满足客户的诉求，但利润都很低。

因此，寿险公司在开发产品的时候就应该明确产品的定位，即公司开发、销售该产品在经营上要达到什么目的。是将产品定位为扩大业务规模的产品，还是创造业务价值的产品；是提供给大众客户的产品，还是提供给高净值客户的产品；是公司履行社会责任的产品，还是为销售人员增加收入的产品；等等。

寿险公司的经营战略不同、业务规模大小不同、成立时间不同、发展阶段不同都会影响产品的定位。因此，同一类产品在不同公司的定位可能就不同，如重疾险，有的公司将其定位为创造价值的产品，有的公司则将其定位为扩大保费规模的产品；还有的公司甚至将其定位为获取客户资源的产品（如网销重疾险）。甚至同一款产品在同一公司不同的发展阶段定位都不同。如发展初期定位为扩大业务规模的产品，发展到一定阶段后定位为维护营销队伍收入的产品。

产品的市场定位

产品的市场定位主要是针对客户群体市场的定位。主要是针对不同客户群体的不同诉求，如针对高净值客户的重疾险产品，提供的应该是全面的、高额的保障；而针对大众客户的产品，就应该是相对简单、保额适度的产品。

产品竞争首先从产品定位开始。两个寿险公司的产品及其定位越接近，同质化程度越高，竞争就越激烈。寿险行业中最典型的就是学生平安保险产品，各家公司产品的市场定位基本都是以中小学生为对象的效益型产品，因而竞争十分激烈。

定位种类

公司设计任何一款产品，都应该明确推出该产品的目的是什么，卖点在哪里，以什么方式参与市场竞争。

基于经营目的的定位

产品定位主要是基于经营目的的定位。人身险产品保障责任不同、年期不同，导致保费不同，因此基于公司的发展战略、销售策略，一般寿险公司都会赋予不同产品或者同一类产品中不同细分产品不同的使命。例如，有的产品定位是拓展业务市场，获取市场份额；有的产品定位是为公司创造价值；有的产品定位是为公司创造经营利润；有的产品定位是增加销售人员收入；也有的产品定位是获取客户资源。据此，人身险产品定位大体分为以下几种。

1.规模型产品

规模型产品，是指能够实现公司扩大业务规模或获取市场地位的产品。定位为规模型产品，在产品设计上关注的多是件均保费高，交费期限短，能够帮助公司实现快速扩大保费规模、巩固或拓展市场份额的经营目的。这类产品一般是市场主流产品，竞争较为激烈，因此产品的价值和效益就很难提高。

2.价值型产品

价值型产品，是指能够实现公司整体业务价值增长的产品。定位为价值型产品的，在产品设计上就要突出产品高价值。价值型产品多数是长期保障型产品，或者是率先进入市场的新产品。

但这类产品随着市场竞争的深入，通过产品升级等，产品价值会也受到挑战，一般呈现逐渐降低的趋势。价值型产品可以满足股东或投资者的诉求。

3. 效益型产品

效益型产品，是指能够为公司创造效益的产品。例如在2008—2014年，中国人寿将短期保险产品定位为效益型产品。因此，在产品设计、销售以及对分公司考核中都突出效益为先。效益型产品可以满足股东及管理层的诉求。

4. 责任型产品

责任型产品，是指承担公司履行社会责任、服务社会大众的产品。如大病保险产品、新农合保险等政策性商业保险产品。这类产品由于是政府相关部门确定产品责任和相关产品政策，寿险公司只是经办业务，因此在产品的盈亏上保险公司很难把控。但这类产品是政府为市民扩大保险保障的一部分，具有社会效益，因此寿险公司也应该通过责任型产品履行企业公民的社会责任。

5. 资源型产品

资源型产品，是指能够给公司带来客户资源的产品。其实，客户资源才是寿险公司最大的资源。定位为资源型产品，一般都是保费低廉，保额不高，投保手续简单的产品。如卡式人身险产品、网销旅游保险等。

6. 创费型产品

创费型产品，是指能够给公司带来经营管理费用（不包括佣金）的产品。寿险公司的经营管理费用是从收取的保费中提取的。寿险公司需要7~8年才能"打平"指的就是经营管理费用打平。公司不通过产品创费，日常经营管理费用就只能"吃"资本金了。定位为创费型产品，在产品设计上就要用足监管对产品设计附加费用的规定，以保证保费收入达到一定规模后，能够提取的费用足以应对日常经营管理费用支出，并逐步实现费差益。否则，就会产生费差损。任何以削减费用来降低产品价格的行为，都是错误的经营行为。

7.创收型产品

创收型产品，是指能够给销售人员带来佣金收入的产品。佣金是销售人员养家糊口的收入。有足够的佣金收入，销售人员才不会离开公司。此外，销售同样的寿险产品，并且保费收入相同，如果销售人员获得的佣金收入不同，那么高佣金收入的公司就有竞争力。所以，寿险公司应该在产品定位中有创收型产品，以保证销售人员的收入稳定或适度增长。定位为创收型产品，就要在产品的附加费用设计上保证佣金有足够的收入来源。

基于产品卖点的定位

所谓的产品卖点，是指开发的产品具有特色，也可以说是客户购买保险产品的一个理由或者销售人员推销这款保险产品的理由。这些特色，一方面是保险产品本身特性所固有的，另一方面是产品设计人员人为"创造"出来的。不论是产品固有的，还是人为创造的，只要能够为客户或者销售人员所接受、认同，能够达到产品畅销的目的，这些特色就是产品的卖点。

确定产品卖点是产品定位的前提。通常人身险产品设计的卖点可以体现在保障责任、产品价格、较高的佣金激励，或者是优质的售后服务等方面。

1. 以保障责任为卖点

以保障责任为产品卖点，是指新产品主要突出保障责任的全面性或聚焦性。产品卖点从本质上说是产品能够给消费者带来什么好处，满足消费者哪方面需求。任何人身险产品都有其市场存在的理由。人身险产品能够给客户提供生、老、病、死、残5个方面的保险保障，但一个产品不可能将5个保障方面全部涵盖，一般说来一个产品基本涵盖1~2种保障责任。因此，开发每一个产品都应该突出自己的卖点。如综合性重疾险产品承保百余种疾病，卖点是突出保险保障的全面性；多次给付重疾险产品，卖点是承担多次给付责任。以保障责任为卖点的人身险产品，体现以客户利益为导向，产品的最大获益者通常是客户。

2. 以价格低廉为卖点

以产品价格低廉为卖点，是指开发的新产品费率（价格）较低，使客户以较低的保费可以获得较高的保险保障，保险性价比较高。如网销重疾险产品、网销定期寿险产品等都属于以价格低廉为卖点的产品。以价格低廉为卖点的人身险产品，体现产品的价格竞争策略。

3. 以佣金激励为卖点

以较高的佣金激励为卖点，是指支付给销售人员或中介代理机构的佣金较高，能够激发销售人员的销售热情，扩大保费规模的产品。人身险产品是一种无形产品，主要通过保险销售人员或保险中介代理机构销售。这些销售人员和中介代理机构销售保险产品，获取应得的销售佣金。因此，人身险产品佣金激励的对象是销售人员，而不是客户。以较高佣金激励为卖点的人身保险产品，体现以销售为导向的竞争策略。

4.以优质服务为卖点

以优质服务为卖点，是指开发出的新产品突出售后服务，以优质的服务吸引客户购买保险。以优质服务为卖点的产品，不仅可以提供高额的保障，还可以为客户提供贵宾服务项目，如提供垫付医疗费用服务、国际SOS救援服务等。以优质服务为卖点的人身险产品，体现公司服务竞争策略。

基于市场竞争的定位

基于市场竞争的定位，是指设计的产品在市场竞争所发挥的作用。通常有直接竞争定位、回避竞争定位和依附市场定位。

1.直接竞争定位

直接竞争定位，是指设计的产品直接与主要竞争对手争夺市场的产品定位方法。直接竞争定位要求公司必须有足够的经济实力，产品具有较强的竞争优势。因为这样的定位一般会招致主要竞争对手的全力反击，特别是在产品经营的初期，如果公司没有相应的经济实力或新产品没有较强的竞争优势，很可能会达不到新产品上市的预期目的。因而，这种定位方法一般被用于寿险公司与对标公司的竞争中，寿险公司针对竞争对手的主要产品开发出相"对抗"的产品，与竞争对手直接硬碰硬、面对面地竞争。

2.回避竞争定位

回避竞争定位，是指设计的产品回避市场直接竞争的产品定位方法。这种定位的产品一般避开与市场主流产品竞争，主打特性化的细分市场，从而使新产品顺利地进入市场。例如，2000年许多保险公司推出投连险、万能险做主打产品的时候，中国人寿推出康宁重疾险，规避了与主要竞争对手的直接竞争。回避竞争定位适合中小型寿险公司在细分市场进行定位。

3.依附市场定位

依附市场定位，是指借助大公司已经开发出的主流产品市场来"蹭流量"的市场定位方法。中小型寿险公司的主要产品通常可以采用这种市场定位。因为中小型寿险公司既没有实力开拓一个新的产品市场，也没有产品竞争优势与大公司主要产品竞争，但还不能放弃这些主流产品市场，故只能借助主要寿险公司在主流产品市场开发上的投入、市场开发程度，跟随市场主流产品的发展，使自己的新产品顺利进入市场，同时能够获得一定的产品市场地位。

基于市场及公司发展的重新定位

重新定位，是寿险公司通过改造现有产品而改变潜在消费者对原有产品的印象，使其对新产品重新认识。任何一款产品都应在特定的环境下基于特定的目的而进行定位。随着市场环境的变化、公司经营状况的改变，最初的产品定位可能已经不适应新的环境，因此就需要对产品进行重新定位。例如综合性重疾险产品，过去的定位是为客户提供全面的保障责任，但随着重疾险市场的成熟，多种给付方式的出现，综合性重疾险产品保费就显得有些贵，保障程度低，因此需要重新定位。通过重新定位，让潜在消费者感到重疾险产品是"买得起、有保障"的产品。

一般在下列两种情况下可以采取重新定位：一是本公司重疾险产品遇到了强大的竞争者，侵占了该产品的部分市场，导致公司重疾险市场萎缩或产品的目标市场占有率下降；二是投保人的投保偏好发生变化，从喜好本公司重疾险产品转移到喜好竞争对手的产品。

但是，寿险公司在重新定位前要考虑两个问题：一是公司将自己的产品定位从一个子市场转移到另一个子市场时所花费的总成本有多大；二是公司将自己的产品重新定位后能获得的保费总额有多大。

在我国快速发展的人身险市场中，每个产品的所有者，包括那些拥有产品竞争优势的大公司，都必须关注市场的变化，及时调整自己的产品策略，并根据新的产品策略规划产品定位，这样才能巩固自己产品的市场地位。

基于消费者心理的定位

心理定位，是指寿险公司从消费者的心理需求出发，积极开发具有特色的产品，从而达到在消费者心目中留下特殊印象并树立市场形象的目的。

心理定位一般有两种策略：一是廉价策略，即本公司的重疾险产品费率有明显的领先优势；二是偏好策略，即为消费者提供特殊的附加利益，以满足其某些偏好。

好的定位可以形成竞争优势，但其本身不是竞争优势。就寿险营销而言，产品定位不在于产品本身做些什么，而在于经营者心中想做什么。大量的实践证明，一个寿险险种、一个寿险产品若想获得预期的效果，没有一个明确的定位难以实现。而产品定位一旦获得确认，就能够获得公司相应资源、政策的有效支持。但定位的本身不仅是为了得到市场竞争优势，因为产品定位只是公司对产品销售目标的一种期望。

领先策略

领先策略，是指率先在市场上推出新产品，以获得暂时优势的一种销售策略。由于重疾险新产品引入和成长的时间较短，其他公司跟进也有个过程，因此领先进入市场的重疾险新产品能够获得暂时的市场地位，并赢得创新的声誉，建立起进入市场的优势。

领先进入市场的重疾险新产品还可以在较大程度上影响同类产品的费率标准，形成有利于自己经营绩效的态势。例如中国人寿康宁重疾险，2000年率先投入市场，在市场上形成较大的影响力，后来各家公司的重疾险产品基本都在跟随。领先策略具体包括以下四个方面。

领先进行产品升级

领先进行产品升级，是指率先对现有产品进行升级改造，改造后的产品能够取得重大成效。采用这一策略的前提是寿险公司对市场有正确的理解，升级后的重疾险产品具有明显的差异化优势，并能够取得引领行业发展的效果。

领先进行产品升级是否能够形成竞争优势，取决于竞争对手的追赶速度。一旦竞争对手也能采用同样的手段实现重疾险产品升级，或是竞争对手进行更进一步的产品升级，寿险公司就必须重新考虑自己的产品战略。

领先对市场做出反应

当市场发生与人的生、老、病、死、残有关的重大事件时，往往是人们寻求保障最迫切的时候。例如，2020年年初突然暴发的新冠肺炎疫情，一方面使人们对健康险的需求急剧增加；另一方面受新冠肺炎疫情影响，线下销售受到严重影响。能够率先认识到销售环境变化，并及时将医疗险、重疾险进行网上销售或线上线下融合销售的公司，基本上都抓住了网销产品快速发展的机遇，弥补了一部分线下业务的损失。而一些反应相对慢的寿险公司，则因抓不住机遇而落后于竞争对手。当然，率先对市场变化做出反应也要冒一定风险，如果寿险公司对市场变化趋势和变化实质的理解和判断是错误的，据此做出的反应也就不能吸引客户。

领先推出新产品

领先推出新产品,是指寿险公司总是不断推出新产品,努力在产品的某一差别化基础上先于其竞争对手,一旦竞争对手赶上后,公司马上再推出新产品,始终保持产品领先优势。领先推出新产品可以迫使竞争对手不得不处于被动反应和追赶的状态。为了在竞争对手赶上时能立即以新产品替代原有产品,寿险公司必须保持一定数量的新产品"存货",以便在需要时能立即推向市场。但不断推出新产品会增加产品开发成本。

领先开创新市场

领先开创新市场,是指寿险公司利用一种新产品开创一个新的业务市场。历史上能开创出某一新市场的寿险公司并不多,如果这样的公司能继续在该市场上保持产品创新优势,就往往能在一定时期内成为该产品及其更新产品的领先公司。例如,2010年,新华人寿与瑞士再保险公司联合开发的吉顺防癌险产品,是一款行业首创综合癌症保险产品,开创了我国重疾险市场专项疾病业务领域,连续几年虽几经升级改造,但一直处于该市场的领先地位。

开创一个新市场,能够使公司成为该市场的第一个进入者,但并不能表示公司领先策略的成功。经营策略的成功还需要能建立起领先进入的优势,保持与后进入者在差异化基础、开发速度或经营绩效上的相对优势。

是选择对现有重疾险产品升级，还是选择领先引进新的重疾险产品，或是领先开创新市场，取决于公司重疾险经营目标和实施阶段的要求，以及公司对已经实施产品策略的评估。一般来讲，寿险公司在两种情况下会先将自己的专业技术保留起来，待恰当的时候再迅速利用：一是当寿险公司不愿意过早地以新产品替代自己目前成功的产品；二是寿险公司对市场变化的特征尚不完全了解，希望让其他公司先进入该市场，自己则通过观察这些先进入公司的失误来更深刻地了解市场，然后再向市场推出更符合要求、更具竞争力的产品。

跟随策略

产品跟随策略，是指跟随率先进入市场的新产品，以"后发制人"的手段取得市场竞争优势的一种竞争策略。产品跟随策略一般有以下两种方式。

市场走势明朗后才跟随

通常新产品上市的竞争对手相对较少，首先进入市场的寿险公司有可能获得暂时快速的业务发展，也有可能达不到预期的效果，具有一定的风险性。因为在新产品市场上，市场结构如何？新产品在市场上的反应如何？哪些因素对竞争有更大的影响作用？市场应如何细分？差异化与相对价格之间的关系如何？等等，以及与市场培育有关的方面都还是未知数。在这种情况下，领先进入的寿险公司很有可能因为对市场的错误认识而导致新产品上市的失败。

任何一种重疾险产品市场的形成和发展需要一个培育的过程，这个过程需要投入一定成本。在市场竞争环境下，对市场进行培育的成本一般是由首先进入市场的寿险公司承担。为此，寿险公司可以等到新重疾险产品市场发展走势明朗后，再集中公司的优势资源迅速进入市场。

模仿成功产品

寿险公司对市场上成功的重疾险新产品直接进行模仿，设计出基本相同的产品，力图在新产品市场中分得份额。模仿成功产品策略的目的是在模仿新产品的同时，将自己的开发成本大幅度降低，使新产品更有竞争性地进入市场。

差异化策略

现在重疾险产品的竞争同质化严重，创新方向主要集中在对病种数量、给付责任、给付次数等方面的比拼，形成了在一个险种中，90%的产品集终身、综合保障责任于一体的行业局面。随着市场越来越细分，未来"一个重疾产品打天下"或"主打一个重疾产品"的情况将向差异化产品策略转变。

一个产品的差异化越强，其不可替代性越强，越有利于该产品在市场上的突出。例如，有的寿险公司就敢于喊出"我的产品是最贵的,但我的服务是最好的",而且在现实中也确实做到了为客户提供满意的服务,因而在市场上赢得了良好的口碑。

差异化策略的最终目的是增强产品的核心竞争力。因此,它强调科学的差异,确定适合公司自身特点的产品定位,开发既符合市场需求又与竞争者相异的产品,这是差异化策略的实质所在。虽然有时寿险公司实施差异化策略的成本较高,但由于产品核心竞争力的增强,客户愿意为此付出较高的代价,公司最终仍可能获得高出市场平均水平的利润。

差异化的基础

产品差异化的基础是对客户精细化分层和细分市场的开拓。数据分析显示,重疾险的潜力主要来自以下三个方面。

一是整体市场覆盖率较低。瑞再研究院报告显示[1],截至2018年年底,我国重疾险的覆盖率为12%,日本2013年重疾险的覆盖率已经达到35%,因此我国重疾险市场仍有巨大的发展潜力。

二是现有客户获得的保障不足。如何实现有效加保,需要公司对现有客户做精细化分层,从中确定不同的加保策略。

三是存在大量覆盖率较低的待开发的细分市场。如女性、中老年人、幼/少儿、收入较低的年轻人、中等偏低收入家庭、亚健康人群等市场。无论是深挖还是扩面,未来针对细分客群和细

---

[1] 瑞再研究院.消费者研究报告.2013.

分市场会形成差异化经营特色，从而获取业务增长机会并提升公司的竞争力。

差异化的方向

重疾险产品的差异化可以体现在产品结构、客户群体、专属产品和线上线下等方面。

一是产品结构差异化。未来重疾险产品结构将配套健康管理服务，进一步强化重疾险产品与健康管理服务融合。

二是特定客户群体差异化。可以细分为如中老年人、幼/少儿、收入较低的年轻人、中等偏低收入、亚健康人群等市场。

三是重疾险专属产品差异化。例如开发罕见疾病专属产品、复发的癌症保障产品等。

四是线上线下差异化。基于线上渠道与传统渠道的差异，线上平台销售重疾险产品将趋于简单化，传统个人代理人渠道销售产品将趋于细分市场。

低费率策略

低费率策略，是指以明显低于市场同类产品费率水平定价参与市场竞争的策略。寿险公司采取低费率策略的目的是增加保单的销售量。因此，寿险公司一般在以下情况下才考虑采取低费率策略。

一是在竞争对手的压力下，公司的市场份额开始下降，通过降低费率促进保单的销售，维持自己的市场份额。

二是公司的经营成本能够做到比竞争对手低，通过降低费率来掌握市场或提高市场的占有率。

三是为了获取客户资源。

发起降低费率的行动，当然要冒一定的风险。

一是低费率能提高市场占有率，但不能提高客户的忠诚度，如果有其他公司推出的产品费率更低，则潜在消费者很容易选择费率更低的公司。

二是降低费率容易引发市场的价格战，导致整个行业受到损害。例如，2015年，华夏人寿推出的"常青树"比市场上主流产品价格下降近30%（同期"健康无忧C"产品可比首年保费为15 550元，"平安福2015版"产品可比首年保费达15 895元），低价的同时保障范围仍处于同期的领先水平（61种重症和15种轻症），上市后凭借其产品的高性价比销售火爆。2016年华夏人寿推出"升级版常青树"，保障范围增加至77种重疾和33种轻症。2017年，弘康人寿推出不带身故责任的"健康一生A+B"重疾险，费率再次大幅下降，保障范围适中，保障50种重症和15种轻症，2次30%保额的赔付。作为一款消费型重疾险，其产品结构简单，保障期限灵活，不含身故责任，其性价比提高到了新的水平。体现了其责任轻量化和费率极致化。①

2018年，受原保监会〔2017〕134号文的影响，行业迎来了首个"开门不红"。为了稳定队伍，太平人寿推出极致性价比产

---

① 申万宏源研究. 重疾产品"价格战"回眸与展望. 2021.

品"福禄康瑞"。以30岁男性，20年交费期间，保终身，50万元保额为投保案例，产品价格为12 100元，显著低于当时的主流重疾险产品（同期"平安福2018"产品可比首年保费为15 516元，"国寿福至尊版"产品可比首年保费为14 178元），该产品在低价的同时仍保持了100种重症1次赔付、50种轻症6次赔付的保障。公司通过推出该低费率产品提升了获客能力。产品客源以新客户为主，占比达77%，而老客户加保仅占23%。"福禄康瑞2018"通过优化重疾定义、上调费率和新业务价值率，件均保额达25万元，远高于过去产品。值得注意的是，这是大型险企首次打出价格战，虽然后续中国平安、中国人寿、太平洋保险等大公司没有继续跟进降价，但说明了在新单增长乏力背景下，稳住队伍的难度和重要性。[①]

如果是为了获取客户资源而实行低费率策略，通常用同一类产品的高费率策略来对冲，努力使同一类产品达到整体平衡。

高费率策略

高费率策略，是指寿险公司采取明显高于市场同类产品费率水平定价参与市场竞争的策略。高费率策略虽然能够增加公司的保费收入，同时提升公司的费用收入，但同样也会引起客户的不满。一般在以下情况下寿险公司才考虑采取高费率的策略。

---

① 申万宏源研究. 重疾产品"价格战"回眸与展望. 2021.

一是公司经营的费用成本膨胀。费用成本膨胀可能来自通货膨胀，也可能来自公司的经营管理不善，导致业务增长与成本开支不相称，公司不得不靠提高费率，提升创费能力，维持日常经营。

二是需要降低预定利率。降低预定利率，必然引起费率的上升。降低预定利率是因为资金运用失败或政府保险监管部门强制规定。

寿险公司采取高费率策略，实际上是将经营的风险和成本转嫁给消费者，必然引起消费者的不满。所以，在采取提价策略之前或之后，必要的宣传和解释是不可缺少的。

以附促主策略

以附促主销售策略，是指以通过附加险促进保单销售的一种策略。以附促主中的"主"有两个含义：一个是指主险，即通过附加险促进主险的销售；另一个是指主保单，即客户通过附加险不断丰富已有保单的保障责任，为客户提供全面的保障。

附加险的特点是保费便宜，保障程度高。但附加险不能单独销售，如女性专属附加险，特定癌症附加险等，只有购买了主险，才能附加这些"物美价廉"的附加险。这就成了附加险促进主险销售的最大原因。

寿险产品的种类围绕的都是生、老、病、死、残5个方面，寿险公司也是依据这5个方面开发基本的保险产品，这些保险产品被称为主险。寿险公司的主险通常都作为公司的主打产品，一般相对稳定，并努力打造成品牌产品。客户需要生、老、病、死、残全面的风险保障，但不一定非要全部购买生、老、病、死、残的主险，完全可以通过所处的生命周期，判断自己最需要的保障而购买一个主险，再通过购买附加险的方式保障其他方面的风险。主险解决客户的基本保障；附加险为客户提供全面的保障。对客户而言，这是最佳的人身险购买方式，花最少的保费获得最大的保障。

保险公司根据市场发展变化不断开发附加险，以附加险作为新产品吸引客户购买保险，利用一个基本的主险加上客户喜欢的附加险完成保单销售。人身险产品发展的趋势是保障责任简单化，产品保障责任由现在的"套餐"（多种责任）转向"自助餐"（单一责任，自由组合）。

此外，老客户的保单随着时间以及个人状况的不断变化，如组建家庭、收入增加、健康变化等，保单的保障内容也需要不断丰富，这些完全可以通过购买附加险来实现，不必重新购买主险。其实，老客户就是业务员的一座"金矿"，可以不断挖掘附加险，而且附加险基本都是"最新产品""时尚产品"。销售人员应该围绕生、老、病、死、残5个方面，通过附加险来完善老客户的全面风险保障或专项风险保障。如主险是重疾险，可以陆续为客户提供附加的意外险、医疗险等。

以附促主策略是一个可以实现多方共赢的策略。

对客户而言，一是可以规避保险公司的一些限制。如免体检额限制，核保规则等。附加险的核保要求一般都比主险宽松，既可以合理省去一些手续，又可以获得较高的保障。二是节省保费。就同类产品而言，通常附加险保费都比主险便宜，购买一个主险，加上若干个附加险，一般会比购买若干个主险便宜许多。三是"进退"灵活。附加险可以随时增加，也可以随时减少，增加或减少都不影响主险。客户可以根据需要随时调整自己的附加险，调整自己的保障需求。四是客户不会有增加财务负担的感觉。附加险保费便宜，每次增加一个附加险，都是在潜移默化地增加保费，但其占客户所交保费总额比例一般不高，客户不会感到增加了财务负担。

对销售人员而言，一是可以拓展全面的业务。销售一张主险保单，只是在一个业务领域拓展一个客户，通过附加险，可以在一张保单中拓展多个业务领域。二是通过附加险可以与老客户建立长期的联系。公司会不断地推出新的附加险，销售人员可以用新的附加险替换旧的附加险，使业务员与客户建立长期的关系。三是可以获得长期佣金收入。老客户不断增加附加险，同一保单业务员获得的佣金就不断增加。只要附加险年年续保，业务员就年年有续期佣金。附加险量大，就会形成稳定增长的续期佣金收入，甚至会超过主险佣金收入。销售人员有了长期稳定的收入，销售队伍也就稳定了。

对公司而言，附加险只要续保，公司就能提取预定的费用，如果附加险业务量大，能够提取的费用也非常可观。另外附加险产品风险相对低，利润相对较高。

产品创新策略

产品创新策略,是指通过创造性加入新元素形成新产品的销售策略。产品创新的首要前提是市场上存在着尚未被满足的风险保障需求,而且这个需求是能够通过新产品来满足的。同时,产品创新的目的也是通过满足市场新需求来形成新的业务增长点。重疾险产品创新不仅在技术上比较复杂,而且给后期的业务管理带来较多的复杂程序,往往要花费较多的人力、物力和成本,甚至增加经营风险,因此产品创新的效率也是寿险公司竞争力的体现之一。

产品创新策略主要通过以下方式来实现。

对旧产品进行改造

面对市场需求的不断变化,一些在售产品虽然已经开始销售疲软,但往往并非完全丧失生命力。因此,根据市场变化对仍有利用价值的旧产品进行技术改造,摒弃被市场淘汰的部分,增加满足客户需求的内容,使之再度焕发生机,这既是对旧产品合理部分的继承与发展,又是创造性加入新元素的一个有效途径。例如,2016年,新华人寿对原有重疾险产品进行升级改造,推出"多倍保"重疾险产品,将传统重疾险一次赔付后保单即终止、被保险人无法继续获得重疾险保障,修改为可以继续获得多次赔付保障的产品。产品一经推出,即在市场上引起轰动,成为许多公司跟进、模仿的产品,也使新华人寿在重疾险市场处于行业领先地位。

借鉴国外的成果

重疾险是"舶来品",在发达国家市场有着几十年的发展历史,产品创新方面已经积累了许多成功的经验,我国重疾险市场可以借鉴。这几年我国寿险公司也确实将国际上最先进的重疾险产品引入国内,使我国目前的重疾险处于世界领先的水平。

在产品中融入服务

保险产品是一种服务产品,因而在产品中可以融入服务。为了赢得客户、占领市场,寿险公司可以在产品中增加客户服务内容。《健康保险管理办法》第五十五条规定:"保险公司可以将健康保险产品与健康管理服务相结合,提供健康风险评估和干预、疾病预防、健康体检、健康咨询、健康维护、慢性病管理、养生保健等服务,降低健康风险,减少疾病损失。"第五十六条规定:"保险公司开展健康管理服务的,有关健康管理服务内容可以在保险合同条款中列明,也可以另行签订健康管理服务合同。"第五十七条规定:"健康保险产品提供健康管理服务,其分摊的成本不得超过净保险费的20%。"因此,在重疾险产品中融入健康管理服务将成为寿险公司重疾险产品创新的增长点。

第 10 章
销售渠道

关键词：

对经营的影响、易掌控与不易掌控的渠道、发展趋势我国寿险市场销售渠道主要有代理渠道和直销渠道。代理渠道又分为个人代理（下称个代渠道）和机构代理。机构代理又分为专业代理机构和兼业代理机构。专业代理机构主要是经纪公司和专业代理公司（下称经代渠道）；兼业代理机构主要是银行、邮储（下称银邮渠道）、旅行社等以及网络平台（下称网销渠道）。我国人身险市场渠道构成详见图10-1。

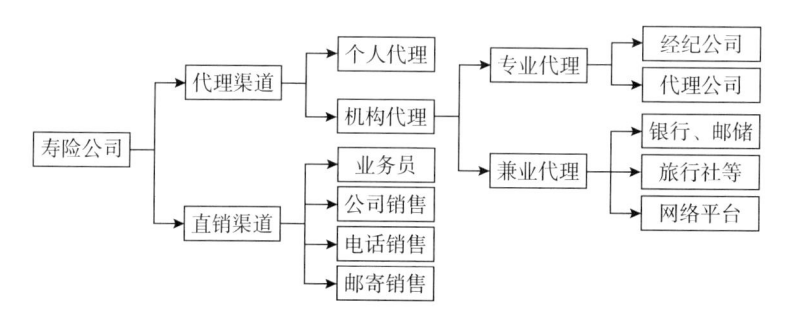

图10-1　我国人身险市场渠道构成

从2020年年底分渠道人身险原保费总保费数据看，个代渠道是最大的渠道，占比57%；其次是银邮渠道，占比32%；然后是直销渠道，占比7%；保险专业代理公司占比2%，保险经纪公司占比1%，其他兼业代理占比1%。详见图10-2。

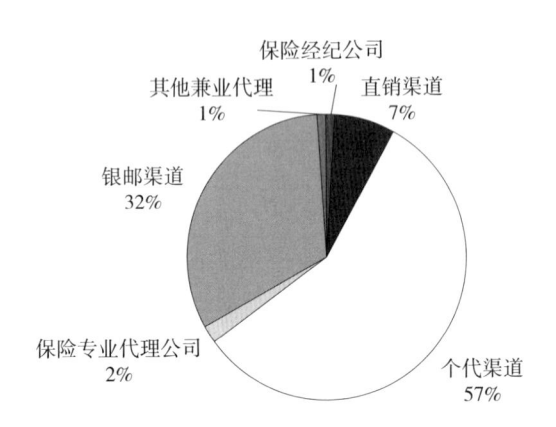

图10-2　2020年人身险分渠道原保险保费结构
资料来源：银保监会。

每个销售渠道都有自己的特点，对寿险公司经营产生的影响不同。对寿险公司而言，有自己易掌控的销售渠道，也有不易掌控的销售渠道。随着监管政策的导向，我国寿险市场将由过去理财型产品为主向以养老年金、健康险产品为主转变，各个销售渠道也将面临诸多挑战。

不同销售渠道对经营的影响不同

各个销售渠道的背景不同，拥有的资源不同，面对的客户群体不同，销售的产品不同，因而形成各自的特点，对寿险公司经营的影响也就不同。

个代渠道

面对客群

个人代理人面对的销售对象是社会大众，而不同群体对人身保险的需求不同，个人代理人要满足不同群体的各种保险产品需求。因此，个代渠道面对的客群是最广泛的。

渠道掌控

个人代理人是寿险公司自己能够掌控的队伍，是自己能够指挥调动的队伍，因此具有参与市场竞争的主动权。个人代理人能够按公司的意愿销售各种产品，实施各种销售策略。

销售产品

个代渠道面对面向客户销售保险产品，因此既可以销售简单产品，也可以销售复杂产品；既可以销售短期产品，也可以销售长期产品；既可以销售高价值产品，也可以销售低价值产品。它属于全能型产品销售渠道，并可以有效地控制业务结构，形成持续健康的发展能力。因此，个代渠道可以形成人身险多种类产品的协调发展，并促使形成业务规模。

销售业绩

个代渠道的销售业绩取决于销售人力、举绩率[①]和人均产

[①] 举绩率 =（出单人力/总人力）× 100%。

能。其发展的逻辑关系是：先努力提高举绩率和人均产能，然后销售人力便会增长。

销售成本

个代渠道的销售成本主要是向个人代理人支付的实际佣金和手续费，以及相关的促销费用，公司可以直接管控。

客户资源

个人代理人是寿险公司专属代理人，个人代理人的客户都是公司的客户，因此个代渠道的客户都是公司能够掌控的资源。

客户服务

个代渠道的客户服务由代理人或公司直接负责，客户会直接体验到保险公司的服务。

保单质量

由于有续期利益和保单再开发机会，一般会激励代理人做保单售后服务，保单的继续率相对也较高。

经营利润

保险公司通过个代渠道能够获得的经营利润主要来自死差益、费差益和利差益。

所以，个代渠道是综合销售型渠道，能够形成寿险公司综合协调全面发展的能力。

银邮渠道

面对客群

银邮渠道面对的客户群体主要是银行、邮储的客户。由于各个银行经营的重点不同，形成的客户群体也不同，因此银邮渠道的客户可以说是以银行自身业务为核心的细分客户群体。

渠道掌控

在银邮渠道销售保险产品，并非由保险公司完全说了算，需要与银行或邮储代理机构协商一致，保险公司并不能完全按照自己的意愿行事。

销售产品

银邮渠道的客户多是储蓄或理财型客户，很容易将保险产品与理财产品比较，因而在银邮渠道销售短期、趸交、储蓄或理财类产品比较容易。但这些产品价值率相对较低，产品结构单一，很难支持公司的保费持续增长。

销售业绩

银邮渠道的销售业绩取决于保险公司与银行或邮储业务合作力度。力度大，销售业绩高，特别是能够使短期保费形成规模；力度小，销售业绩小，容易出现保费收入波动。而合作力度取决于保险公司支付的代理手续费以及提供给银邮的其他业务，如时点存款、托管业务等。所以，在银邮渠道的竞争，不仅仅是手续费的竞争。

销售成本

银邮渠道销售成本随市场行情变化，保险公司可控性相对较弱，基本是由银行的卖方市场决定。

客户资源

银邮渠道的客户基本上都是银行、邮储的客户。一般银行、邮储不允许保险公司直接联系自己的客户，导致在银邮渠道保险公司对客户管理和服务，基本上是间接通过代理机构开展的。这种既是银行、邮储客户，又是保险公司客户的"双客户属性"，实际上是银行掌控客户资源。

客户服务

银邮渠道的客户，因为具有"双客户属性"，因此保险公司需要与代理机构协同才能为客户提供保险服务。双方协同得好，客户体验就好，满意度也就高。

保单质量

银邮渠道的客户基本都是代理机构的"老客户"，对代理机构已经有很高的信任度和忠诚度，因此银邮渠道的保单继续率通常较高。

经营利润

银邮渠道是典型的规模效益型渠道，有保费规模才可能有效益。能够助力公司短期内形成保费规模，但进入交费周期后持续发展能力减弱，既有刚性兑付的压力，也会有现金流风险。保险公司通过银邮渠道能够获得的经营利润，主要来自利差益和死差益，如果能够形成一定的续期保费规模，也会有费差益。

经代渠道

面对客群

经代渠道也就是靠销售人员面对面向客户销售保单的渠道，理论上与个人代理人一样，面向社会大众，可以形成全能型销售渠道。

渠道掌控

经代渠道是经纪公司、代理公司掌控的渠道。经纪公司、代理公司有自己公司的发展战略，在与保险公司的代理合作中实现自己公司的发展目标，而不会关注保险公司的发展战略。只有保险公司的代理业务符合经纪公司、代理公司的发展战略，才有代理业务的基础。因此，在经代渠道，保险公司的话语权很弱，甚至没有产品的确定权。

销售产品

在代理费收入最大化的导向下，实际的代理费收入成为经代渠道销售产品的决定性因素。保险公司与经代公司的合作多是单一种类或单一产品的销售合作，很难进行全面的产品销售合作。

销售业绩

经代渠道的销售业绩取决于合作的经代公司销售队伍的销售能力，关键在于举绩率和人均产能。

销售成本

经代公司向保险公司收取的代理费，实际上是将全部的经营成本转嫁给保险公司。因此，随着经营成本不断上升，保险公司与经代公司合作很难控制自己的销售成本，导致经代渠道销售的产品相对价值率也低。

客户资源

经代渠道将客户资源视为自己最大的资源，都有自己的客户管理系统，甚至服务系统，一般不允许保险公司直接联系自己的客户。由此也形成经代公司与保险公司共同的"双客户属性",但实际的客户资源还是由经代公司或经代公司业务员掌控。

客户服务

经代渠道的客户服务基本上由经代公司业务员负责,保险公司提供必要的支持和协助。如果合作的经代公司管理得好,业务员注重服务,客户的满意度较高,否则就低。

保单质量

一方面,经代公司代理人流动率也较高,导致保单的继续率会受到一定的影响。另一方面,经代公司又可以同时代理多家寿险公司产品,因此难免出现为了追求高代理费收入而"拆东墙补西墙"的事情,导致经代渠道的保单继续率相对较低。

经营风险

监管部门允许经代公司代为收取保险费,虽然方便了代理业务,但对保险公司而言有保费入账的"时间差",同时也存在资金风险。

经营利润

保险公司通过经代渠道能够获得的利润,主要来自利差益。

网销渠道

面对客群

网销渠道面对的是以年龄细分的客户群体,以80后、90后为主。这个群体目前还年轻,需要的是寿险、意外险和简单的健康险。养老保险、复杂的健康险还不是他们的主要需求。

渠道掌控

在网销平台，保险公司的话语权很低，多数是按照平台的要求设计产品。因此，在网销渠道，保险公司很难实现公司的发展战略。网销渠道在追求代理费收入的同时，更多关注的是上线的保险产品能否给平台带来更多的流量。

销售产品

最适合网销的产品是同时兼顾标准化、简单、一次性的产品。人身险产品绝大多数是非标准化的（因此才有核保）、比较复杂的（保单条款冗长难懂）、长期性的（保险期限长达几十年，甚至终身）产品，因此网上销售的人身险产品相对较少，更多是一些简单的传统寿险、意外险、医疗险产品。目前市场上的主流人身险产品基本都不适合网销渠道。

销售业绩

网销渠道的业绩取决于平台将保险公司的产品摆放的位置，流量越高，关注度越高，销售业绩越高。

产品价值

网销渠道通常以低价吸引客户，保险公司的费率也被拉低，导致保险产品的新业务价值率极低，甚至是负数，对新的、小型保险公司会带来消耗资本金的压力。

客户资源

网销渠道的客户资源基本都在自己手上，保险公司基本不掌控。

客户服务

网销渠道的客户服务基本以网上服务为主，这也相应对保险公司的网上服务能力提出更高要求。

保单质量

网销渠道的客户流动性比较大，网销渠道难掌控，保险公司就更难掌控。因此，网销渠道的保单继续率相对较低，业务的持续发展能力较低。另外，网销产品基本上都是没有核保的保单，因此逆选择风险、保险欺诈风险相对较高。

经营利润

保险公司通过网销渠道销售产品，多数只是为了获取保费收入和客户资源，基本没有利润。

易掌控与不易掌控的销售渠道

是否有自己掌控的销售渠道，是寿险公司业务发展的决定性因素。有掌控的销售渠道，就有新单业务发展的主动权，业务就能持续稳定发展，否则就可能在新单销售上"受制于人"。

我国寿险市场前几位的公司，都有自己掌控的销售渠道。而一些中小型寿险公司新单销售之所以容易出现波动，主要是因为没有自己掌控的销售渠道。

另外，不同销售渠道，对公司的盈利能力影响也不同。如果易掌控的是销售成本相对较低、产品价值率高、可获得多种利润来源的渠道，公司的盈利能力就强；如果易掌控的是销售成本相对较高、产品价值率低、产品只能获得单一利润来源的渠道，公司的盈利能力就弱。市场上一些中小型公司虽然有自己掌控的、稳定的销售渠道，保费也达到相当的规模，但还没有实现整体业务盈利，主要原因就是易掌控的销售渠道的产品盈利能力低。

易掌控的销售渠道

寿险公司自己可以掌控的渠道有：个代渠道、直销渠道和有控股股权关系的代理渠道。

个代渠道、直销渠道和有控股股权关系的代理渠道，都是寿险公司自己投入资源建设的销售渠道，因而是自己能够掌控的渠道。公司所要考虑的是如何将其做大，做得越大，保单销量会越多。

个代渠道需要较大的初期投入，以及后期的人力发展和管理，考验寿险公司的渠道经营和管理能力。

不易掌控的销售渠道

相对不易掌控的渠道都是机构代理，即银邮渠道和经代渠道。导致寿险公司不易掌控机构代理的原因主要有以下几点。

一是合作关系。双方以代理合同为基础，建立的是一种业务合作关系。但这种合作关系并没有硬约束，即使签了合同，代理机构也可以不代理业务或者少代理业务。

二是地位不同。在双方的合作中，寿险公司基本处于被动的地位，代理机构处于主动的地位。代理机构可以同时代理多家寿险公司，给谁代理、不给谁代理，完全由代理机构说了算。因此，在双方合作中，寿险公司"有求于"代理机构。

三是利益不同。代理机构追求的是代理费收入，寿险公司追求的是保单和保费。因此，"谁给的代理费高就给谁代理"也就可以理解。这也是中小型寿险公司销售成本居高不下的一个重要原因。

四是渠道变化。代理机构的业务做大了，往往就要自己经营保险公司了。一旦代理机构由乙方变成了甲方，那将对原来甲方业务造成严重的冲击。中国香港的中银集团，2000年以前都是代理机构，集团的各个银行的分支机构都给中国人寿香港分公司代理业务。中国人寿香港分公司没有其他销售渠道，只靠中银集团的独家代理。后来，中银集团成立了自己的保险公司——中银人寿，最终迫使中国人寿开始建设自己的代理人队伍。中国香港的汇丰银行也是如此，由开始做代理机构，到现在自己经营寿险公司。

现有四大销售渠道未来发展趋势

我国寿险市场正在发生巨大变化，最突出的就是在"保险要回归本源""保险要强化保障功能"等政策的指引下，商业保险被纳入社会保障体系建设，养老保险、健康险将成为未来的主流产品，将彻底改变过去30年一直以理财型产品为主的历史。这种历史性的改变，将直接影响保险公司未来的经营，而且首先影响的就是销售渠道。

个代渠道

监管导向

对个人代理人，监管导向的影响主要体现在以下两个方面。

1. 强化保险公司主体责任

2020年5月12日，银保监会发布《关于落实保险公司主体责任加强保险销售人员管理的通知》（银保监办发〔2020〕41号），从全面提高认识、加强战略统筹、严格招录管理、严格培训管理、严格资质管理、严格从业管理、夯实基础管理、严格监管监督8个方面，确立了落实法律责任、管理责任的基本原则，提出了健全管理架构体系，杜绝销售人员"带病"入岗，持续提升销售人员职业素养，建设销售人员销售能力分级体系，建立销售人员队伍诚信体系，持续治理销售人员数据质量，依法严厉处罚和严肃责任追究等任务。

2. 整治市场乱象

2021年4月8日，银保监会下发《中国银保监会办公厅关于深入开展人身保险市场乱象治理专项工作的通知》（银保监办便函〔2017〕477号），拟围绕销售行为、人员管理、数据真实性、内部控制4个方面打击乱象。在销售行为方面，重点治理销售过程中误导消费者、异化产品、管理失当等行为；在人员管理方面，重点治理信息虚假、虚增人力、人员失信、管理松懈等行为；在数据真实性方面，重点治理通过虚假承保、虚列费用、虚挂业务、虚挂人头套取资金，账外暗中支付手续费等行为。

面临挑战

1.来自外资公司的挑战

自2015年取消个人代理人资格考试，个人代理人数量从2014年的325万一路攀升至2019年的912万，年复合增长率20%。但近两年人力增速明显放缓。2004—2019年个人代理人数量及增速见图10-3。

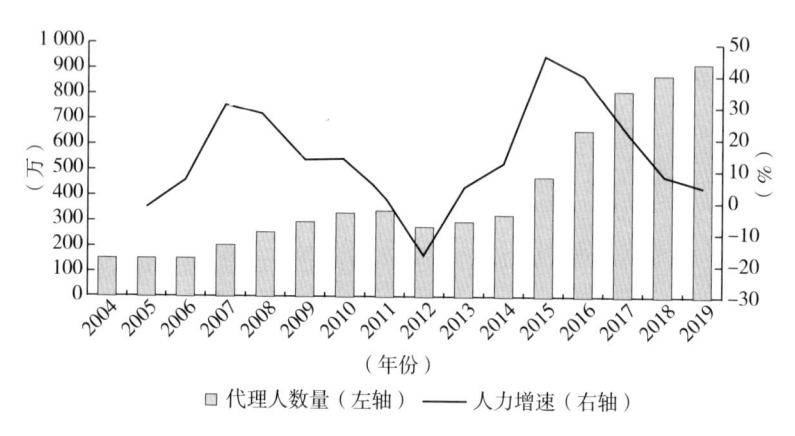

图10-3 个人代理人数量及增速

资料来源：钟潇，李芳.渠道发展如何演变.2021。

人力规模虽然很大，但队伍的举绩率却在下降，由过去行业整体35%左右下降至20%左右，形成队伍"虚胖"局面。队伍"虚胖"导致劳动生产率下降，整体销售能力下降。保险公司既舍不得"清虚"，又没有切实有效的办法提升举绩率，长此以往会有"劣币驱逐良币"的风险。在同样的市场环境下，优秀的外资公司的举绩率却是中资公司的2倍。如果中资公司个人代理人队伍继续"虚胖"，外资公司就可能在局部市场取得领先的地位。①在个代渠道队伍建设上，外资公司的优势开始显现，外资公司对中资公司的挑战已经来临。

2. 个人代理人收入水平呈下降趋势

收入水平下降是个人代理人队伍的核心问题。以平安寿险为例，其代理人月均收入与社会在岗人力平均收入差距呈扩大趋势。2017年接近全国平均收入，2018年滑落至90%，2019年仅80%。详见图10-4。

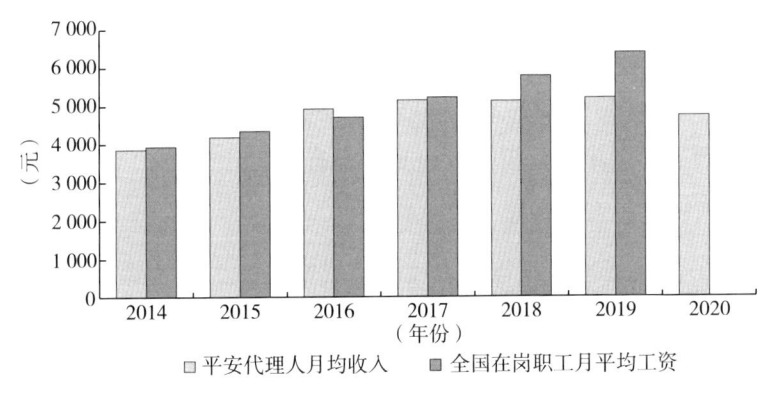

图10-4 代理人收入与在岗职工月平均收入比较

资料来源：钟潇，李芳. 渠道发展如何演变. 2021。

个人代理人收入下降，意味着个人代理人职业的吸引力正在下降，这是市场给出的风险信号。如果保险公司不尽快地扭转这种局面，整个行业个人代理人不仅流失严重，以后也很难招募新人，队伍的发展将成为大问题。

---

① 外资公司的分支机构数量有限，暂时不会在整体上领先。

3.转型发展的挑战

从过去的理财型产品为主向保障型产品为主转型,已经成为行业发展的趋势。这种转型不仅是销售产品的转变,而且是公司经营思想和经营模式的转变,即由过去的以保费为主向以客户资源为主的转变;业务员销售保险产品基本依据的转变,即由过去依靠公司的投资回报销售理财产品,向依靠销售技能推销养老保险和健康险产品的转变;客户群体由过去的理财高净值客户向大众客户的转变;个人代理人队伍结构由年轻人为主向中老年人为主转变。转型发展是一个专业的系统工程建设,需要公司整体的专业技术和专业能力。能顺利完成转型,渠道、队伍都能继续发展;否则,会出现业绩下滑和队伍萎缩。

4.提高教育培训能力的挑战

个代渠道整体销售能力反映市场竞争能力。寿险公司对代理人的培训能力是代理人队伍建设的软实力,或者说是代理人队伍建设的核心竞争力。公司对代理人的培训包括两部分:基本知识和销售技能。就头部寿险公司而言,在基本知识培训方面,有大量的专业培训教材和专职讲师,但在销售技能培训方面,既缺少系统性专业培训教材,又缺少有经验的专职讲师。这一点是中资公司与优秀外资公司的显著差别,也是寿险公司之间队伍建设软实力、核心竞争力的差别。如果头部寿险公司在一定时期内不能有效地提升教育培训整体水平,面对未来需要销售技能推动的养老保险、健康险业务,即使销售人员再多,也没有优势。

发展趋势

1.未来仍然是行业发展的主渠道

2005—2020年数据显示，个代渠道保费贡献率长期在41%～59%，15年的平均值为50%。个代渠道是寿险行业保费贡献的绝对主力。详见图10-5。

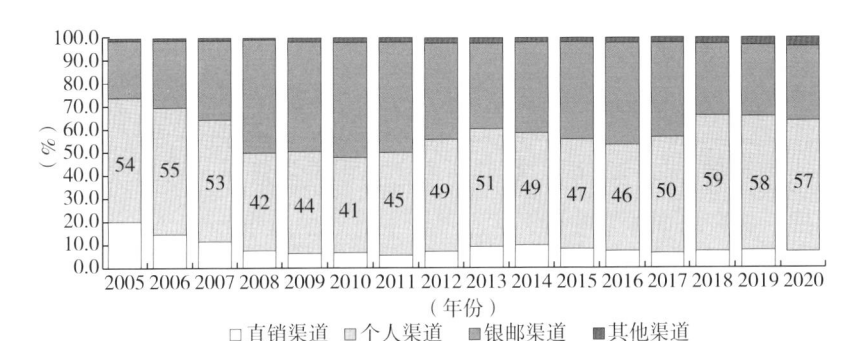

图10-5 寿险各销售渠道原保费结构

资料来源：钟潇，李芳.渠道发展如何演变.2021。

从产品种类来看，如果未来以养老保险、健康险和普通寿险为主流产品，个代渠道仍将是主要的渠道。因为，寿险产品销售的基本逻辑不会变，就养老保险、健康险、普通寿险这些产品的特点而言，最适合的是面对面的销售，个代渠道具有先天的优势。

2.头部公司仍将占有主导地位

目前头部寿险公司占据个代渠道的主导地位，并已经形成它们已有的绝对优势。在未来的寿险市场发展中，它们不会放弃个代渠道并仍将维持现在的主导地位。

一是未来一段时期很难有能够取代它们的渠道。当前头部寿险公司都以个代渠道为核心渠道，而且渠道保费占比都超过50%。只要头部公司不放弃，个代渠道未来一段时期仍会是寿险行业的主要销售渠道。

二是头部寿险公司有经济实力继续发展个代渠道。经过30年的发展，头部公司的个代渠道建设已经经历了初创时期和成熟时期，目前进入发展时期，在渠道资源投入上已经基本实现了费差益，有足够的费用资源加大对个代渠道的再投入。

三是头部寿险公司已经完成个代队伍建设的基础性工作。30年的发展，已经完成了制度体系、组织管理体系、队伍发展模式、教育培训体系建设，并已经形成有效的运作。

四是头部寿险公司已经形成全面的销售管理体系。如营销策划、销售支持、风险管控等。

五是未来主流产品，如养老保险、健康险等的保险期间长、保费高、条款复杂、信息不对称这些固有属性，决定了只能由受过专门培训的代理人进行面对面沟通和销售，也决定了头部寿险公司"以个代渠道为核心"的发展模式不会改变。

3.未来的竞争要靠销售能力

未来个代渠道的竞争不是以往"人海战术"的竞争，更不是靠资本市场的投资收益，而是靠个代团队的销售能力。如果说过去理财产品的推广是靠资本市场的投资收益，"人海战术"与销售业绩基本正相关。那么，未来养老保险、健康险和普通寿险产品的销售，则必须要靠个人代理人的销售知识和销售技能。如果A公司的举绩率只有30%，而B公司的举绩率为60%，意味着

B公司贡献产能的效率是A公司的2倍。新冠肺炎疫情的发生虽然对线下个代渠道产生了直接冲击,但保险公司因此受到的影响是暂时的,并不影响中长期业务发展。新冠肺炎疫情暴发期间对保险公司的主要影响是个人代理人无法与消费者面对面沟通,这反而促使保险公司加速个代渠道数字化转型,使更多的个人代理人使用互联网工具与消费者进行沟通,协助消费者完成投保流程及后续服务,个人代理人与消费者持续互动的本质并没有发生变化,互联网作为电子化工具只起到了辅助作用。

4. 渠道的格局会发生变化

现在的渠道格局是以理财型产品为主形成的格局,其中养老保险、健康险和普通寿险产品占比并不高。未来以养老保险、健康险、普通寿险为主的产品必将打破现有的市场格局进而形成新的市场格局,头部寿险公司渠道排序和市场份额都将改变。新的市场格局取决于未来各家公司的销售能力。

5. 市场竞争将逐渐转向多元的竞争

如果说过去30年寿险公司的竞争基本上都是以理财型产品为主争夺保费的竞争,那么未来以养老保险、健康险、寿险产品为主的竞争将是多元化的竞争。

一是争夺客户资源的竞争。未来的养老保险、健康险客户都是长期性的客户,短则20~30年,长则至终身,特别是养老保险的客户,很有可能是一旦投保,终身不变。未来客户资源将是寿险公司最大的资本、最大的财富。因此,未来个代渠道的竞争将由过去的保费竞争转向客户的竞争。

二是转向客户服务的竞争。如果说客户对理财型产品的服务要求比较低,多数提供的是收取保费,支付满期给付或退保险金的服务,那么未来,养老保险交费期的管理,领取期的频繁支付服务,医疗险纷繁复杂的理赔服务等都是客户对保险的直接体验。体验的效果就是客户的口碑,也是公司的形象,客户会越来越看中寿险公司的服务。因此,客户服务体系将成为未来寿险公司最重要的销售支持,客户不再只依据保单的投资回报去选择产品,更多会重视服务体验。

三是由产品竞争转向品牌竞争。未来不论是养老保险产品,还是健康险产品,在同一个税收优惠政策下,产品的同质化将更加严重,在这种情况下,打造品牌产品是寿险公司产品的发展方向,品牌产品的竞争将成为主要的竞争。

银邮渠道

未来变数最大的可能就是银邮渠道。这种变化来自两个方面:一个是监管新政策导致银邮渠道需要转型发展;另一个是银行系保险公司的崛起导致渠道结构的变化。

监管导向

2019年8月,银保监会发布《商业银行代理保险业务管理办法》(银保监办发〔2019〕179号),对银邮渠道未来的发展做了进一步的规范。

1. 规范佣金管理

对银邮代理机构首次提出清晰的佣金结算要求。取得的佣金必须全额入账，加强佣金集中管理，合理列支保险销售从业人员佣金，严禁账外核算和经营。要求外部机构与人员不得以任何名义、任何形式向银行及保险销售从业人员支付协议规定之外的任何利益，以规范化、透明化的激励机制，促各方利益更趋一致。

2.强化销售管理

通过明确销售环节的具体要求，切实保障消费者权益。对于产品宣传，不仅明确保险宣传不得出现"存款""储蓄"等字样，而且明确了投保提示摆放要求。对于产品销售，要求银行做好投保人需求分析与风险承受能力测评，向投保人提供完整合同材料、出具保费发票等。

3.量化代销产品

首次对商业银行代销的产品类型进行了明确，要求其大力发展长期储蓄型和风险保障型保险产品，代销意外伤害险、健康险、定期寿险、终身寿险、保险期间不短于10年的年金保险、保险期间不短于10年的两全保险。

面临挑战

1.产品转型的挑战

过去人身险主流产品，如短期储蓄、理财、中短存续期产品，都适合银邮渠道销售。未来要以养老保险、健康险和普通寿险产品为主，银邮渠道面临产品转型发展的巨大挑战。因为这种转变，打破了银邮渠道自身特有的储蓄理财优势，客户群体也变为有养老、健康和寿险保障需求的客户。如果渠道转型成功，银邮渠道还是主要渠道，否则，银邮渠道的地位将逐渐下降。

2.改变高成本、低价值的挑战

不论是银行系寿险公司由代理业务转向自营业务,还是继续代理销售保险公司的产品,未来都要从当前的高成本、低价值业务转向低成本、高价值业务,以适应保险企业发展趋势。但银邮作为渠道方侧重当期中间业务收入,寿险公司作为产品方希望在中长期打造可持续发展的新业务价值创造路径,这始终是双方合作的分歧点。寿险公司要改变代理机构的代理模式很难,但不改变,就不能拥有持续健康的业务发展能力。而代理机构要处理好短期利益与长期利益的关系也不容易。双方需要在合作中逐渐磨合,找到符合双方利益的平衡点。

3.处理好银行激励与个人激励的挑战

监管新规定打破了原先只需要分立保费和佣金账户、记录销售人员报酬的模糊概念,实际上也打破了现有银邮渠道销售人员利益分配关系。如何建立银邮渠道新的利益分配机制,以保证维持现有的渠道销售能力,对银邮渠道也是一个巨大的挑战。

发展趋势

受理财型产品向保障型产品转变以及监管新规的影响,银邮渠道未来大概率是向以下几个方向发展。

1.仍然是寿险产品的主要销售渠道

截至2020年年底,我国共有84家人身险公司通过银邮渠道销售保险产品。[①]2020年,银邮渠道实现新单原保费收入6 120

---

① 中国保险行业协会.2020年中国保险行业银行代理渠道业务发展报告.

亿元，同比增长4.3%，占行业首年保费的53%。总保费原保费收入10 108亿元，同比增长12.6%，占行业总保费31.91%。可见，在银邮渠道，保险公司获得了巨大的保费收入，特别是对一些中小型公司而言，银邮渠道保证其能继续生存。代理机构获得了巨大的中间业务收入。双方都能够比较容易地实现各自的经营目标，谁都不会放弃这个渠道，都希望这个渠道继续发展，也都会采取有效措施继续推动这个渠道的进一步发展，最终银邮渠道仍会继续维持其主要渠道的地位。

2.银行系保险公司将逐渐崛起

我国银行系保险公司已经有8家。8家银行系保险公司对应的8家银行所代理的业务占据整个市场70%～80%。随着银邮渠道的进一步发展，银行系保险公司将纷纷崛起。银行系保险公司对银行最大的利益所在，除了为自己的银行客户提供全面的金融产品"一篮子"解决方案，更重要的是作为保险资金可运用的平台。"银行贷款+保险资管平台"将使银行在整个经济领域发挥更大的作用。银行系保险公司成立之初，要解决以下三个问题。

一是招聘专业管理人员。银行的品牌、实力会吸引众多的专业人员（核保、精算、业管、培训、风控等），所以这不是问题。二是建立业务管理系统。原来代理业务不需要业务管理系统，现在自营业务必须要建立业务管理系统。这8家银行不缺专业技术人员，整体专业技术水平和能力也要远远超过寿险公司，因此没有技术障碍，没有资金压力，建立业务管理系统只是时间问题。

三是要实现各个分支机构业务系统上线。这对银行系来讲不是难题，只是时间问题。

当银行系保险公司全部解决了以上三个问题，银行系保险公司就开始将代理业务转向自营业务。中国香港的中银集团与中银保险、汇丰银行与汇丰保险的案例，欧洲一些国家银行系保险公司的案例，一定会在境内寿险市场上演。另外，银邮渠道有巨大的销售能力。以中国农业银行、中国工商银行为例，2015—2019年，每年代理寿险新单保费收入都过千亿元，最高的年份达到3000多亿元，甚至超过中国人寿、太平人寿、中国人保寿险3家公司的总和（详见表10-1）。如果这些银行将首年保费都给自己的寿险公司，用不了几年，银行系保险公司就会做大，在中国前十大寿险公司中一定会出现几家银行系寿险公司。

表10-1 银行代理首年新单保费与寿险公司首年新单保费比较（亿元）

银行/公司		2015年	2016年	2017年	2018年	2019年
中国农业银行				1 828	3 108	1 985
中国工商银行		1 688	3 360	1 364	1 009	1 326
招商银行		1 054	1 525	850	704	943
中国人寿	首年保费	1 723	2 069	2 238	1 711	1 812
	银保首年	872	859	807	319	239
	占比（%）	50.60	41.51	36.05	18.64	13.13
太平人寿（港元折算）	首年保费	435	481	526	381	371
	银保首年	261	259	235	56	65
	占比（%）	59.77	53.84	44.67	14.69	17.52

（续表）

银行/公司		2015年	2016年	2017年	2018年	2019年
中国人保寿险	首年保费	814	924	784	513	502
	银保首年	531	556	443	345	270
	占比（%）	65.23	60.17	56.50	67.25	53.78

注：3家寿险公司首年新单保费包括银邮渠道保费。

3. 银邮渠道的格局将发生变化

银邮渠道有两个维度的市场格局。一个是银邮渠道中银行系保险公司与非银行系保险公司的占比；另一个是银邮渠道中各个保险公司的占比。未来，银邮渠道中银行系寿险公司与非银行系保险公司的占比将逐渐发生较大的变化。随着银行系保险公司的崛起，银行系保险公司在银邮渠道的占比将逐渐加大，而非银行系保险公司的占比将逐渐减少。这个变化也必然引起另外的变化。所以，未来银邮渠道的蛋糕还是那块蛋糕，但切蛋糕的规则会发生变化。目前仍以银邮渠道为主的中小型寿险公司，将面临渠道可分蛋糕越来越少甚至没有蛋糕可分的局面。

4. 渠道业务结构将逐渐变化

随着《商业银行代理保险业务管理办法》落地，银邮渠道发展长期储蓄型和风险保障型保险产品，代销意外伤害险、健康险、定期寿险、终身寿险、保险期间不短于10年的年金保险、保险期间不短于10年的两全保险将成为刚性要求。再加上税收优惠政策的调整出台，推动养老保险、健康险产品成为主流产品，未来银邮渠道的业务结构也必将发生变化，即由储蓄型产品向保障型产品转变，由趸交保费向期交保费转变，由规模保费向价值保费转变。这些业务结构的转变也必将使保险公司的业务结构发生变化，也会促进保险公司的转型发展。2020年银邮渠道人身险业务保费收入构成详见图10-6。

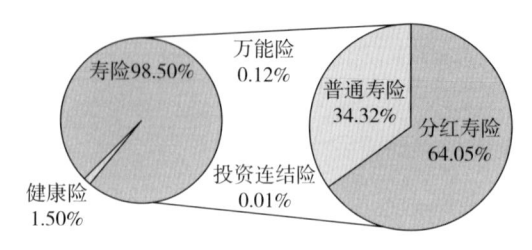

图10-6 2020年银邮渠道人身险业务保费收入构成
资料来源：中国保险行业协会。

5.市场集中度将进一步降低

在银邮渠道新单规模保费中，头部寿险公司自2016年后已经处于收缩发展状态，收缩的幅度为10%~20%，导致市场集中度开始下降。另外，主要激进型寿险公司受到原保监会2017年"134号文件"的强力约束，被迫降低业务规模，由千亿元保费平台降至400亿~700亿元。而在前几年主动收缩银邮渠道业务的寿险公司，有可能重新在银邮渠道发力，但基本是为了弥补整体保费收入下滑而采取的短期策略，应该不会重走以前依赖银邮渠道去扩张保费规模的老路。银邮渠道仍是短期有效的保费规模贡献来源，但高成本、低价值率的弊端决定了这一渠道保费的持续性较低。因而，头部寿险公司在向高质量发展的道路上，将逐渐减少目前渠道高成本、低价值的业务。所以，未来银邮渠道应该是中小型寿险公司的主要竞争渠道，市场集中度将进一步降低。

6.渠道将形成新的发展模式

建立中长期稳健的战略合作关系是银邮合作双赢的重要前提。在银邮渠道发展初期，银行为了提高中间业务收入，通常以"保险超市"模式选择与多家险企合作。随着银保双方持续提升合作深度和稳定度，并打造定制化服务，将逐步形成新的银邮渠道发展格局。未来将是"银行控股"、"合资公司"和"战略联盟"3种主导模式，逐步取代传统银邮渠道开放式、无差别代理销售的粗放式发展模式。

经代渠道

人身险经代渠道出现于2000年，但近几年才取得较快发展。2015年以前人身险保费规模不到200亿元，保费贡献长期低于2%。2015年之后头部代理机构通过激进的产品和增员政策，带动保费升至300亿~400亿元。2018年后规模进一步提升至700亿元左右。近5年增速超40%，但整体贡献仍低于3%。经代渠道2005—2020年保费贡献详见图10-7。

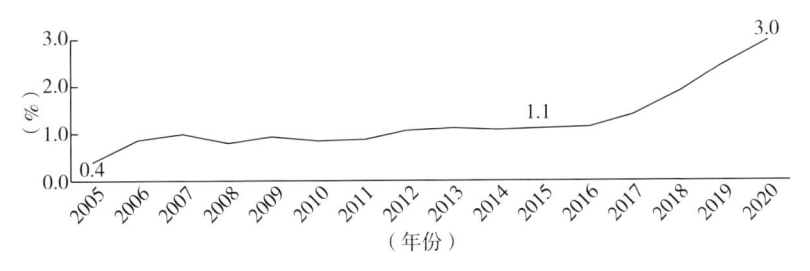

图10-7 经代渠道历年人身险保费贡献率

资料来源：银保监会。

监管导向

1.开展经代渠道业务人员清理工作

2019年4月16日,银保监会下发《关于开展保险专业中介机构从业人员执业登记数据清核工作的通知》(银保监办发〔2019〕56号),要求保险代理机构开展人员清虚、隶属归位、信息补全和加强维护工作。

2.压实保险公司经代渠道业务责任

2019年9月2日,银保监会下发《关于加强保险公司中介渠道业务管理的通知》(银保监办发〔2019〕19号),进一步压实保险公司对经代渠道业务的管理责任:保险公司要建立权责明晰的中介渠道业务管理制度体系;保险公司要加强对合作中介渠道主体的管理;保险公司不得利用中介渠道主体开展违法违规活动;保险公司要完善中介渠道业务合规监督。

3.统一规范代理人管理规则

2020年11月,银保监会发布《保险代理人监管规定》(中国银行保险监督管理委员会令2020年第11号),把保险专业代理机构、兼业代理机构和个人代理人纳入同一部规章进行规范管理,建立了相对统一的基本监管标准和规则;取消许可证3年期限制,简化行政审批,从源头上提高准入门槛;对"股东禁入、分支机构设立、高管任职"提出了更细、更严的要求;重启区域性专业中介批设,但提高标准,注册资本金从2012年规定的200万元提高到2 000万元。

4.强化中介机构信息化管理

2021年1月13日，银保监会发布《保险中介机构信息化工作监管办法》（以下简称《办法》），对保险中介机构信息化工作提出全面要求。第一，明确适用范围、基本原则、责任主体和监管部门；第二，规定保险中介机构的信息化工作机构职责；第三，提出信息系统建设要求；第四，明确信息安全要求；第五，规定保险中介机构信息化工作监督管理的有关内容；第六，明确《办法》的实施时间、过渡期整改要求。

面临挑战

1.经营模式的挑战

经代渠道的代理销售与保险公司实际上是"展管分离"的经营模式，即经代公司负责保单销售，保险公司负责承担保单责任和保单的后续管理。"展管分离"最早是中国人寿刚从中国人保分设时提出的。在分设前，人身险在基层公司只有一个部门，展业（销售）和保单管理都在同一个部门。为了有效控制风险，在分设时提出"展管分离"并按此思路设立销售部门和运营管理部门。展管分离的目的是销售与管理分开，改变以前承保和理赔都在同一个部门的"左手承保、右手理赔"情况，建立承保和理赔相互制约的风险控制体系。这种在一个公司内部的"展管分离"模式，只是同一公司内部不同部门之间不同职能的划分，实际的销售管理、客户管理、客户资源等都还在公司掌控。而经代公司与保险公司的"展管分离"模式则形成"双客户属性"，实际上由经代公司掌控客户资源。客户资源是保险公司经营的资本，是最大的财富。这种"展管分离"的模式实际上是动了保险公司的核心利益，未来能否持续发展，现在还是未知数。

2.队伍建设能力的挑战

经代渠道销售长期人身险必须要建立自己的销售队伍。而销售队伍建设的主要内容有四个方面：以基本法为核心的制度建设、教育培训、队伍发展模式、队伍管理。四个方面是一个系统工程，既需要不断的资源投入，又需要有较强的专业建设能力。各个公司销售团队之间在产能、举绩率、留存率等关键指标上的差异，实际上是队伍建设能力的差异。经代渠道销售队伍的兴起也就是这几年的事，在队伍建设方面还处在初级阶段，目前与寿险公司专属代理人的竞争主要靠基本法利益分配的优势，而在其他几个方面，如教育培训、队伍管理等方面，还不具有明显的优势，未来与寿险公司在同一市场的竞争中将面临直接的挑战。

3.经营成本不断增加的挑战

监管部门前期对经代渠道代理个人寿险业务的监管不够，现在开始从严监管了。抬高准入门槛、强化专业化经营、提升信息化管理水平、改善专业中介市场"小、乱、散"现状成为主要方向，这些都将导致经代渠道经营成本的增加。另外，组建个人代理人队伍前期需要巨大的资金投入，一般经纪公司、代理公司注册资本金很低，承受不了这笔巨大的投入。经代公司的利润来源只有一个费差益。要想维持自己的利润，既要控制开支，又要增加收入。在未来各种因素使费用呈增长趋势的情况下，经代渠道只能将增加的成本转嫁给保险公司，导致保险公司需要支付的代理费用超过甚至大幅超过首年期交保费，而且还呈继续攀升的趋势。这种"转嫁投入成本"，创造自己盈利的经营模式，未来必将面临巨大的挑战。

4.由粗放式向精细化转变的挑战

如果说过去经代渠道只需要简单地代理保单销售，那么从监管新规的约束到经代渠道长期发展的战略，未来都将向精细化管理转变，包括销售队伍的管理、客户信息的管理，以及信息化系统的建设。《保险中介机构信息化工作监管办法》提出，自2021年2月1日起实施后，在1年整改自查期内，若不完成信息化系统建设，将不得经营保险中介业务，这被业内认为是"一票否决"，或将淘汰一批保险兼业代理机构和一些保险中介机构。

发展趋势

1.有巨大的代理市场需求

目前我国有91家经营人身险业务的保险公司，真正有自己代理人队伍的公司也就20余家，其他公司主要是靠经代渠道。随着银邮渠道结构的变化，以前依靠银邮渠道发展的中小型寿险公司会被逐渐挤向经代渠道，因而将进一步催生出对经代渠道的巨大需求。现在经代渠道保费贡献率约为3%，未来会逐步提升，有可能会达到5%~8%。

2.中小型寿险公司赖以生存的渠道

目前经代渠道已经成为一些中小型寿险公司业务的主要来源之一。没有这些经代渠道代理业务，一些中小型寿险公司将出现新业务的断续，甚至无法生存下去。因此，今后它们还会继续与经代机构合作，并且努力在合作中扩大自己的业务。

3.经代市场集中度会逐步降低

目前泛华、永达理、大童、明亚4家经代公司保费占比约60%。这些头部公司已经具有先发优势，在人力规模、基本制度、管理体系、市场声誉等方面遥遥领先于其他经代公司。如果不出意外，这些公司将继续保持优势。但市场集中度将逐渐下降，因为一些中型（如拥有千人左右团队）经代公司将在这个新兴渠道快速崛起。

4."代理成本"仍然会居高不下

因为需求大于供给，未来相当一段时期会是经代渠道卖方市场时期。另外，对经代渠道的监管成本呈上升趋势，必然要转嫁给保险公司。所以，未来一段时期，经代渠道销售成本仍然会居高不下。

5.监管部门会进一步规范经代公司的经营行为

基于中小型寿险公司的生存现状，监管部门会进一步规范经代公司的经营行为，以维护市场公平合理的竞争。

网销渠道

中国保险行业协会提供的数据显示[①]：参与互联网保险的公司数量从2011年的28家增长到2020年的134家，其中财险73家，寿险61家，详见图10-8。

---

① 如果保险公司没有加入中国保险行业协会或没有报送数据，则不包括在统计范围之内。

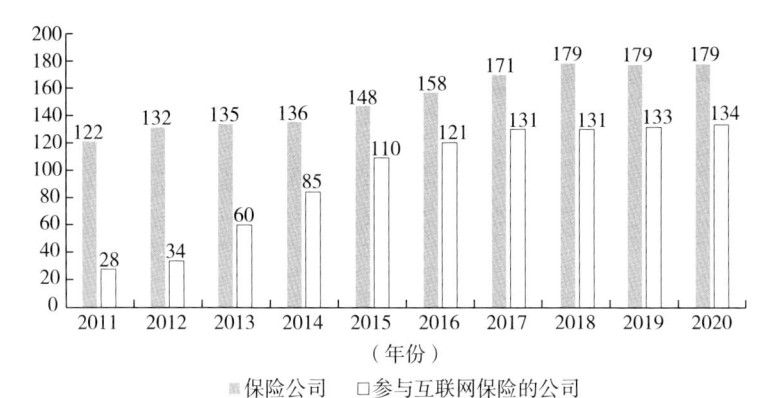

图 10-8　2011—2020年互联网保险市场参与情况

资料来源：陈辉.互联网保险——框架与实践.北京：中国经济出版社，2022。

网销渠道寿险的保费收入，从2011年的10亿元增长到2020年的2 111亿元，详见表10-2。

表10-2　2011—2020年网销渠道保费及增长情况

年份	网销渠道保费收入（亿元）			网销渠道保费增长率（%）		
	财险	寿险	合计	财险	寿险	合计
2011	22	10	32	1 004.0	892.0	966.7
2012	101	10	111	357.5	0.7	246.9
2013	237	54	291	134.3	445.5	162.3
2014	506	353	859	113.7	548.1	195.0
2015	768	1 466	2 234	51.9	314.9	160.1
2016	502	1 797	2 299	−34.6	22.6	2.9
2017	493	1 383	1 877	−1.8	−23.0	−18.4
2018	695	1 193	1 889	40.9	−13.7	0.6
2019	839	1 858	2 696	20.6	55.7	42.8
2020	798	2 111	2 909	−4.8	13.6	7.9

资料来源：陈辉.互联网保险——框架与实践.北京：中国经济出版社，2022。

网销渠道人身险保费收入占人身险规模保费的比重，从2013年的0.4%上升到2020年的5.4%，详见图10-9。

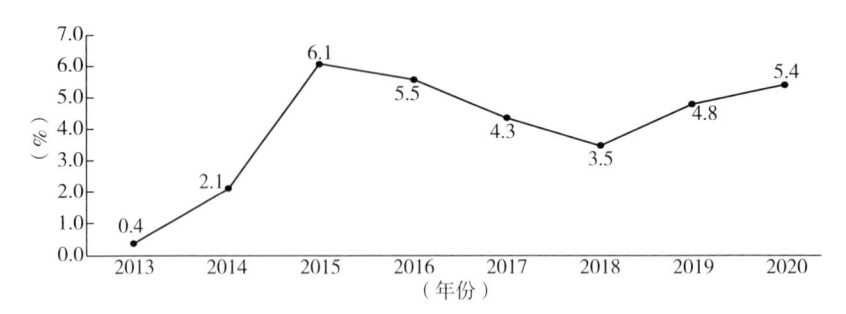

图10-9 互联网人身险保费收入占人身险整体规模保费的比重

资料来源：钟潇，李芳．渠道发展如何演变．2021。

从网销渠道的产品结构看，人寿保险产品占比最高，但呈下降趋势，由2016年的83%下降至2020年的56%；健康险的占比呈上升的趋势，由2016年的2%上升至2020年的18%，详见图10-10。

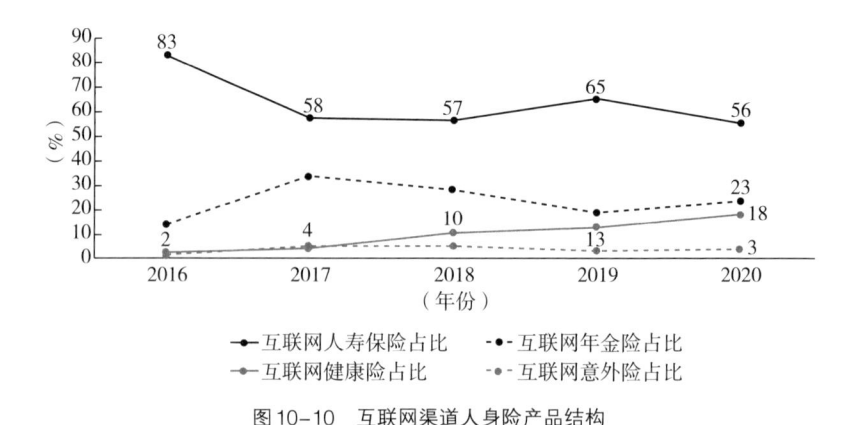

图10-10 互联网渠道人身险产品结构

资料来源：钟潇，李芳．渠道发展如何演变．2021。

监管导向

1.国家层面支持互联网保险

互联网平台有两种情况：一种是有保险代理许可证的兼业代理，另一种是没有保险代理许可证而采取签署租赁使用协议的方式，属于保险公司的直销。2019年8月，国务院办公厅发布《关于促进平台经济规范健康发展的指导意见》（国办发〔2019〕38号），允许有实力、有条件的互联网平台申请保险兼业代理资质。

2.规范互联网保险销售行为

2020年6月22日，银保监会发布《关于规范互联网保险销售行为可回溯管理的通知》（银保监发〔2020〕26号），提出了针对互联网保险销售过程的全流程溯源，并且要求该记录可被监管机构/司法机构查验。要求保险机构能让消费者明确知晓销售主体，且针对增加投保人义务的格式条款等重要内容，需起到强调、提示的义务。强调了投保人自主意愿、实名验证、销售过程及信息收集原则的过程记录标准，明确了保险机构互联网销售整个业务流程的电子证据固化标准。提出需要将销售时的销售页面图片，或者销售页面操作视频等源文件进行留存。对于电子数据的及时性、直观性、具体性提出了更高的要求，针对保险机构的互联网保险销售业务，实现消费者从实名认证、意愿认证到保险销售电子合同签署等全流程环节的电子证据保全服务。

3.规范互联网保险经营

2020年12月7日，银保监会发布《互联网保险业务监管办法》〔中国银行保险监督管理委员会令（2020年第13号）〕，重点规范内容包括：第一，厘清互联网保险业务本质，明确制度适用和衔接政策；第二，规定互联网保险业务经营要求，强化持牌经营原则，定义持牌机构自营网络平台，规定持牌机构经营条件，明确非持牌机构禁止行为；第三，规范互联网保险营销宣传，规定管理要求和业务行为标准；第四，全流程规范互联网保险售后服务，改善消费体验；第五，按经营主体分类监管，在规定"基本业务规则"的基础上，针对互联网保险公司、保险公司、保险中介机构、互联网企业代理保险业务，分别规定了特别业务规则；第六，创新完善监管政策和制度措施，做好政策实施过渡安排。

4.开展乱象整治

2021年8月，银保监会下发《中国银保监会办公厅关于开展互联网保险乱象专项整治工作的通知》，对于互联网保险乱象专项整治工作进行全面部署，包括重点整治销售误导、强制搭售、费用虚高、违规经营和用户信息泄露等。

5.国家开始立法加强对个人信息的保护

2021年8月20日，全国人大通过《中华人民共和国个人信息保护法》并自2021年11月1日起施行。该法明确：通过自动化决策方式向个人进行信息推送、商业营销，应提供不针对个人特征上的选项或提供便捷的拒绝方式；处理生物识别、医疗健康、金融账户、行踪轨迹等敏感信息，应取得个人的单独同意；对违法处理个人信息的应用程序，责令暂停或者终止提供服务。

监管对互联网保险是"鼓励+规范"的态度，同时"规范"被提到更重要的位置。因此，未来对网销渠道监管从严是趋势。

面临挑战

1.业务上量仍是难点

一方面，受只能销售专属产品，并且渠道件均保费低的影响，未来保费增速可能很高，但总量有限。另一方面，随着互联网保险新规的实施，一些第三方网络平台将被出清，一些达不到监管要求的保险公司也将退出，对整个渠道保费收入也会带来一定的影响。

2.能否改变目前产品负价值状况

目前网销产品价格被压低，绝大多数是负价值产品。如果不改变这一现状，网上销售都是微利或亏损的产品。长此以往，保险公司将无法承受。但改变了现状，网销保险产品的价格优势就没有了，这是一个渠道两难的抉择。还有，网销渠道在产品上如果不走"价格战"的老路，还有什么路可走？

3.能否为客户提供完整服务

互联网保险初衷是依托互联网技术把传统的保险产品销售形式迁移至线上，让消费者从被动消费转为主动消费。但随着参与者的增加、保单件数的剧增和保费规模的上升，互联网保险没有完成消费者地位反转，结果在保障消费者知情权、自主选择权、公平交易权、后续保单服务、用户信息安全等方面的问题开始爆发，特别是网销渠道"承保容易、理赔难"更成为焦点问题。2019年，银保监会接到互联网保险消费投诉共1.99万件，同比增长88.59%，是2016年投诉量的7倍，销售误导和变相强制搭售等问题突出，严重影响消费者的体验。特别是网上赔付，作为保险最重要的环节之一,直接影响到用户的体验。未来需要解决这些问题,但难度较大。

4.保险的场景能否持续搭建

互联网保险主要靠场景销售,如果没有场景作为支撑,只可能在短时间内具有先发优势,不具有可持续的竞争优势。在市场高速发展的阶段可以实现市场繁荣的景象,一旦增速放缓,将面临被大型流量平台挤压甚至淘汰的风险。

5.潜在的定价风险如何对冲

互联网保险产品定价风险比较突出。通过互联网,保险产品销售速度快,覆盖面广,一旦保险产品的定价出现了偏差,也会更快速地消耗公司的财务资源,为公司带来较大的财务风险隐患。在其他渠道,同一类人身险产品可以通过不同的客户群体实行高中低不同的费率策略,实现高低费率的对冲,以实现产品的整体效益平衡。但网销渠道基本上是"便宜"产品,若出现定价风险,基本没有同类产品可对冲。

6.客户的信息安全如何保证

传统的保险业务都在线下进行,保险公司都有内部的信息安全管理系统,客户的信息可以得到有效的保护。网销渠道客户的资金支付以及个人信息都集中在互联网系统上,一旦信息被泄露,可能会导致资金被盗、个人信息被非法利用的风险。

发展趋势

1.网销特性与寿险产品特点的部分适合性不会改变

互联网销售的产品,普遍具有标准化、简单、性价比高、一次性交易的特点。而人身险产品具有非标准化、复杂、长期性等特点。因此，在互联网销售人身险产品，有一些产品适合，如短期的意外险、简单的医疗险、专项的防癌险和定期或终身的寿险等产品。有一些产品不适合，如复杂的重疾险、养老保险等产品，这一点在短期内不会改变。以重疾险为例，互联网渠道销售的重疾险产品普遍具有保障结构简单、价格低廉、灵活性强等特点，目标客户通常是年轻、自主学习、自主选择、价格敏感的80后、90后群体，因此在产品形态、产品结构、保障内容、期限、目标群体等方面与个代、经代渠道销售的产品存在显著差异。个代渠道销售的重疾险产品结构和形态相对复杂、件均保费较高、保障期限更长，因此难以被网销渠道所取代，未来这种差异仍将继续存在，网销渠道的保费收入占比仍将非常有限。

2.渠道模式将发生改变

监管部门一系列新规将导致网销渠道模式发生变化。按照"持牌经营"的要求，一方面将使目前保险公司与互联网企业从技术合作模式转向代理合作模式；另一方面也将使相当一部分小型网络平台被出清。

3.市场集中度将向两头发展

一方面，中国几乎所有拥有较大流量的互联网企业都期望从保险业分羹。从阿里、腾讯、百度、京东，到美团、滴滴，再到小米、苏宁、携程、新浪、联想，保险中介第三方平台化趋势明显。未来网销渠道的竞争更加激烈，将进一步加剧网销渠道"马太效应"，甚至可能会出现"赢者通吃"的现象。因为面对流量，只有头部流量平台才可以"任性"。但不会出现市场垄断的局面。另一方面，2021年3月3日，中国保险行业协会发布的《2020年互联网人身保险市场运行情况分析报告》显示，2020年，互联网人身保险市场前三大、前五大、前十大公司的规模保费市场份额分别为40.9%、57.2%、79.6%。与2019年相比，前三大、前五大、前十大的市场份额均出现下降。随着网销渠道产品低价值效果的显现，目前在渠道中，一些头部寿险企业随着产品策略的调整，可能会逐步减少在此渠道的业务量，而一些中小型保险公司为了业务规模以及短期完成年度业务计划的需要，会加大在网销渠道的力度，导致未来网销渠道保险公司的集中度呈下降的趋势。

4.线上线下融合将是发展方向

基于网销渠道的局限性，一些平台公司和保险公司都开始尝试线上线下融合的销售模式，提出"互联网引流、线下跟进、线上投保"的模式，既精准获客，又与线下保险产品及服务相结合。但随之而来的是增加销售、服务成本。发达的消费互联网是互联网保险成功的必要条件，而非充分条件。互联网保险渠道的破局之路，或许需要重新设计，形成短险线上化、平台化，长险线下化、专业化的融合模式。

5.保险公司官网销售将呈上升趋势

从渠道来看，互联网人身险业务基本上是以渠道合作为主、保险公司官网自营为辅。不过，这几年保险公司官网自营平台规模保费增长较快。未来在监管从严、渠道竞争逐渐理性、消费者基于信息安全考虑、售后直接服务的相对优势等多种因素作用下，保险公司的官网会逐步受到消费者的关注，销售业务量会逐渐上升，在整个渠道中占比也会上升。

寿险公司销售渠道策略

面对销售渠道未来的发展趋势，寿险公司可以采取以下对策。

建设好已经掌控的销售渠道

已经有个人代理人队伍的寿险公司，不论队伍大小，都应该以个代渠道为核心渠道，循序渐进地扩大队伍规模，注重教育训练，增强队伍的销售能力。同时发展、巩固现有的机构代理渠道，保持稳定的业务发展。银行系保险公司应尽快完成代理业务向自营业务的转型，随着银行代理业务结构由趸交向期交的转变，银行系续期保费规模也将逐步建立起来，通过规模效益提升盈利空间。

努力建设易掌控的销售渠道

现在没有自己掌控销售渠道的寿险公司，应该转变观念，下决心建设自己易掌控的销售渠道。要打造"百年老店"，如果没有自己掌控的渠道，只是空想。

应该一边维持现有销售渠道业务，一边着手建立个人代理人队伍，待几年后机构代理渠道格局发生重大变化时，自己的代理人队伍也有一定规模了。

另外，应该利用现行监管政策与一些机构代理相互持股，建立利益共同体，共同分享代理业务和经营业务的经营成果。

与代理机构建立长期战略联盟

即使不打算建设自己掌控的销售渠道，也应该寻求与代理机构建立战略联盟，以保证寿险公司业务持续稳定的发展。

一是与中小银行建立战略合作。目前绝大多数中小银行还没有设立寿险公司，以后也很难设立。应选择已经开展代理业务、有一定发展潜力并与公司机构网点相匹配的中小银行建立长期战略合作关系，保证双方长期稳定的合作互惠。

二是与经代公司建立长期战略合作关系。对于不论是线下销售还是掌控线上平台的经代公司，都应立足于长期合作、互惠互赢，以维持业务的长期稳定发展。例如建立盈利分成机制，除支付一定的代理费用，将产品盈利的一部分分享给机构代理者。

第 11 章
客户服务

关键词：

老客户与新客户、售前与售后服务、基本服务与附加值服务、理赔创口碑人身险的客户分为两类：一类是准客户，是指没有正式签订保险合同的客户；一类是客户，是指已经签订保险合同的客户。已签订保险合同的客户又可分为两种：一种是指当年签订保险合同的客户，被称为新客户；另一种是存续一年以上按期续保的客户，被称为老客户。代理人的目标是要将准客户拓展为新客户，将新客户维系成老客户。这些目标的实现都要靠服务。所以，服务是寿险公司的核心业务。

服务是寿险的核心业务

保险是一种无形的商品，各个公司出售的保险产品都是一张纸，没有办法来实际展示产品，也很难描述介绍人身险产品。保险产品看不见、摸不着，客户只能通过自己的切身感受来认识、评价保险和保险产品，这种切身感受就是保险公司所提供的服务。保险公司提供的服务好，客户就会认为保险好，保险产品好，保险公司好。客户对保险公司的服务不满意，就会认为"保险容易、理赔难"，就会对保险提出异议。

此外，保险属于金融服务业，本质上就是为客户提供服务的行业。从售前向客户提供保险咨询、保险产品相关知识介绍，到承保、保全和理赔，服务贯穿保险整个过程。所以，服务是保险公司的核心业务，服务决定客户的认知度、满意度和口碑，决定客户是否愿意长期留在保单所属公司。

为客户服务是应该提供的服务，但也不能忽略为销售人员提供的服务。就保险公司而言，保险代理人也是公司的客户，需要公司为他们提供教育培训、销售支持、业务查询等，这些工作的实质都是公司应该提供的服务。从某一方面讲，保险公司对销售人员的服务比对客户的服务更重要，因为很多保险业务是通过代理人、销售人员替客户办理的。如果销售人员对保险公司的服务都不满意，传导到客户那里的也多是不满意。所以，不仅要做好对客户的服务，还要做好对销售人员的服务。保险行业特别是寿险行业，必须把服务作为核心业务。

将服务老客户放在首位

客户经营包括挖掘准客户、拓展新客户和服务老客户，其目的是不断积累客户资源，创建业务市场。积累客户资源不仅靠拓展新客户，更重要的是靠服务老客户。所以要将服务老客户放在首位。

服务老客户是公司和代理人的职责

寿险保单基本都是长期的，新保单销售成功意味着准客户变成新客户。按照相关法律法规和公司规定，代理人对客户承担的不仅仅是保单销售责任，还有保单销售后的服务责任，因此必须要履行对客户的服务责任。销售一旦成功，保单的投保人、被保险人、受益人就都成为公司的客户，公司有责任为他们提供所需要的服务。

老客户的保单才是创造公司利润的保单

人身险产品经营的特点是保单前期投入大，最初几年收取的保费基本都用于销售成本、行政开支，就保险公司而言基本不赚钱，甚至还亏钱。

保险公司是通过收取续期保费逐渐摊回前期投入的成本，实现收支平衡，甚至开始有费差益。因而，服务老客户，维持老客户交付续期保费，保险公司才能收回保单前期的费用投入，以及获得预期的费差益。保险公司的老客户越多，有效保单经历的时间越长，续期保费贡献越多，保单经营的利润越高。

服务老客户可以实现保单再开发

人身险可以为人的全生命周期提供保险保障。不同的人身保险产品提供不同的保险保障，不同的生命阶段需要的保险保障也不同。因此，客户购买了人身险后，并不意味着就已经获得了全面的保险保障,都有增加保障内容或提高保额的需求,都是保单再开发的资源。老客户资源越丰富,保单再开发的潜力就越大。所以,老客户是公司业务的"金矿",是公司和代理人拓展业务的再生资源。老客户越多,"金矿"就越大。

随着客户的保险需求不断增加、变化,可以不断地挖掘老客户的保险需求,以重疾险为例,儿童时代需要少儿重疾产品;成家立业后需要特定疾病保险产品;步入中年需要综合性重疾险,整个生命周期都需要重疾险提供保障。而且随着老客户生活水平的提高,重疾险产品责任种类也可以不断增加,保额也可以不断提高。

此外,还可通过一个客户延伸到为一个家庭提供众多有针对性的重疾险产品计划,不断地挖掘自己的"金矿"。

服务老客户可以实现转介绍新客户

实践证明,只要客户服务做得好,获得老客户的认同,老客户才愿意把他的亲戚、朋友、同学、同事、老乡、战友等有意购买保险的人介绍给公司或代理人。所以说,服务老客户是获得新客户的一个重要渠道。老客户服务得越好,通过老客户转介绍的新客户就会越多。美国著名管理学家德鲁克认为,企业存在的目的是创造客户,只有客户才能赋予企业存在的意义。所以,服务老客户本身就是客户经营,就是在不断地创造新客户。

服务老客户才能创建良好口碑

公司和代理人的口碑不是靠拓展新客户而是靠服务老客户创建的。人身险产品是一种无形的产品,从形态上看,它是一张纸;从性质上看,它是一份契约;从内容上看,它涉及人的生、老、病、死、残风险。因此,在销售新单过程中,客户对保险基本上没有体验,没有感受。只有服务好老客户,客户才能逐渐认识保险、感受保险、体验保险,才能形成对保险的认知,才能创建保险的口碑,创建代理人的口碑。

服务好老客户是公司走向成功成熟的标志

代理人成功的重要标志不是获取的保费有多少,而是拥有的客户资源有多大。无论是国外还是国内,能站在保险营销金字塔顶尖的优秀代理人,不仅是获取保费的高手,也是销售保单和拓展新客户的高手。他们成功的重要因素不仅是善于销售,而且是拥有巨大的客户资源,是拥有的客户资源为他们提供了巨大的业务市场。

遇到几个大单客户,可以将保费推高,但形成的客户资源有限。新客户靠销售,老客户靠服务。服务做得越好、老客户积累得越多,标志着公司和代理人就越是成熟。

以售前服务推动售后服务

售前服务,是指保单正式生效前公司和代理人为客户提供的各项服务，如为客户提供投保咨询、报价、交费、体检等服务。

售后服务，是指保单生效后为客户提供的各项服务，如保全服务、理赔服务、保单贷款服务、附加值服务等。

对于拓展新客户，主要提供的是售前服务；对于老客户，主要提供的是售后服务。

没有售前服务，就不会有售后服务。如果通过售前服务成功拓展新客户，必然形成老客户的售后服务。但不是所有的售前服务都会有售后服务，如果保单销售不成功，就不会有后续的售后服务。所以，售前服务的好坏直接影响新客户的拓展，直接决定是否会有老客户的售后服务。加强售前服务，提高售前服务水平是保险公司必须重视的工作，也是代理人必须具备的基本能力。

售前服务通常都是"收钱"（首期保费）的服务；售后服务多数都是"付钱"（赔偿或给付）的服务。售前服务固然重要，但售后服务才是客户认识、体验、认可保险的服务。在强化售前服务的同时，更要注重售后服务体系、服务能力建设，用良好的售后服务创建公司和业务员的口碑，创建公司的服务品牌。

基本服务与附加值服务的关系

基本服务，是指保单中规定或明确的公司或代理人必须为客户所提供的服务，如保全服务、保单贷款服务、理赔服务等。基本服务属于客户的基本权利，是客户应该享受的服务。

附加值服务，是指基本服务之外公司或代理人基于市场竞争需要或为回馈客户所提供的增值服务。提供附加值服务属于公司的权利，并非客户应该享受的服务。

为客户提供附加值服务是必要的，但做好基本服务是必需的。不能因突出附加值服务而忽视基本服务。因此，保险公司和代理人对客户服务的重点应该首先放在维护客户权益的基本服务满意度上，在做好基本服务的基础上，开展附加值服务。切忌本末倒置，基本服务做得不好，而盲目地去开展附加值服务。

基本服务属于公司和代理人的日常服务，附加值服务则属于项目服务。日常服务是客户保单权益规定的服务，是必须要做好的服务。保险公司可以没有附加值服务，但不能没有基本服务。

基本服务应该是长期规范的服务，是各个保险公司通过制度性规定，在业务管理、服务管理范畴内的服务；附加值服务可以是短期可变的服务，是各个公司根据自己的服务策略，既有条件所开展的特性服务。

基本服务是针对所有客户的服务，必须是公平合理没有差异化的服务；附加值服务是针对特定客户、特定群体等的服务，可以提供差异化的服务。如同样针对某一个群体的客户，可以提供不同等级的特定健康附加值服务（如定期体检）。

基本服务注重的是服务效率和质量，突出客户的满意度；附加值服务应该注重的是特色服务，突出客户的体验。

基本服务和附加值服务都应该是免费的服务。

以理赔服务创口碑

理赔服务是客户体验保险价值的服务。没有发生过理赔的客户，基本是没有保险体验的客户；只有发生过理赔的客户，才能真正地认识和体验保险的保障作用。

理赔服务是客户获得保险保障的服务。理赔是客户享有保险保障权益、获得保险金的过程，是投保人购买保险的目的所在。理赔服务决定客户是否能够及时获得既得利益，直接涉及客户的"奶酪"，因此是客户最关心、最重视的服务。

保险公司的理赔服务是创口碑的服务。通常客户最大的期望就是发生了保险风险事件能够立即得到保险公司赔偿。各个保险公司客户服务的差异主要体现在服务效率的差异上。

寿险理赔服务要突出效率。实践证明，保险服务做得再好，但理赔效率低，客户都不会满意。但即使服务有瑕疵，只要理赔效率高，绝大多数客户也能满意。因为重疾险理赔效率和其他业务效率不同，关乎人的健康和生命。客户在确诊罹患重疾后，迫切需要得到理赔款去医治疾病，甚至解救生命。保险理赔服务是雪中送炭，只有高效做好理赔服务，才能真正体现保险的保障功能，才能令客户满意。

申请过理赔的客户给代理人转介绍的客户，才是真正认识保险的客户，才是扎扎实实的客户。如果每个代理人手中都有几个申请过理赔的客户，结合这些客户的案例去解读保险产品，要比和客户谈分红率、投资回报率的效果好得多。所以，不论是保险公司还是代理人，都应该利用理赔来创建口碑。在创建行业口碑、公司口碑的同时，也创建代理人自身的口碑。有了良好的口碑，就不愁引不来更多的客户。

保险代理人具有双层身份，在保单销售过程中是保险公司的代理，是保险公司的全权代表，但当客户发生保险风险事件的时候，代理人应该是客户的理赔顾问，全力维护客户的正当权益。因为绝大多数客户并不完全懂得条款，不十分清楚保险赔偿或给付的责任和手续，这时需要代理人站在客户一边，帮助客户维护正当的权益，甚至帮助客户寻找理赔的理由。

未来寿险公司的竞争，一定是客户服务的竞争。只有明确了客户服务的对象，明确了客户服务的内容，处理好基本服务和附加值服务的关系，并突出理赔服务的效率，才能建立起公司服务竞争的优势，并且逐渐形成自己的服务品牌和核心竞争力。

第 12 章
风险管控

关键词：

产品设计风险、"核保从严，理赔从宽"、反保险欺诈、专业化建设重疾险未来会逐渐被社会大众所接受，成为寿险行业的主流产品。但重疾险受医学和医疗技术发展的影响太大，保险公司的经营风险也很大。所以，经营重疾险，保险公司必须要制定好风险控制策略，守住产品设计风险，坚持"核保从严，理赔从宽"的原则，提升反保险欺诈的能力，建设一支专业化风险管理队伍。

守住产品设计风险的底线

事实证明，寿险公司经营中最大的风险之一就是产品设计风险，所以有"成也产品设计，败也产品设计"之说。

产品风险是潜在的风险

一般企业卖出产品后就能实现利润，而寿险公司卖出产品后并不能确定是否赢利。可能赢利，也可能亏损，这种经营风险的不确定性是潜在的，需要若干年后才能显现出来。20世纪90年代初，我国寿险行业销售高利率产品，当时极大地促进了我国寿险业的发展。但随着我国银行利率开始下行，到20世纪90年代末期，整个行业出现巨额利差损。虽然至今过去二三十年了，当时销售的现在还有效的保单依然存在利差损。而已经满期的保单受到长期利差损影响，基本都是亏损的保单。所以，寿险公司应该定期根据自己的实际经营数据评估已经销售产品的潜在风险，及时调整产品开发策略。

产品设计要趋于理性

重疾险产品设计主要依赖重疾经验发生率，但重疾经验发生率不像死亡率、意外伤残率那样相对稳定，特别是受"健康中国行动"中"有序扩大癌症筛查范围"、医学和医疗技术进步、罕见疾病不断被发现、重疾患者生存率不断提高、现有经验数据严重不足、给付方式复杂多样等的影响，重疾经验发生率存在巨大的不确定性，对产品设计提出巨大挑战。产品设计风险会导致产品整体性亏损，即所有销售的保单在整个保险期间都会亏损。一些业务量小的中小型寿险公司，更是经不起产品设计亏损。因此，重疾险产品在设计上必须采取慎重的态度，保守地确定重疾经验发生率，多增加一些未来风险变化因素。不能只为保费增长而开发激进的产品，也不能盲目跟进市场好销的产品，更不能打着创新的旗号开发所谓的爆款产品。守住产品设计风险，也就守住产品不发生整体亏损的底线。

寿险公司的产品设计要趋于理性。一是遵从寿险的基本原理，不可以违背原理设计产品。二是尊重经验数据。不论是使用的生命表还是重疾经验发生率表，都是依据过去的经验、经过科学的技术处理形成的产品设计依据，不可以随便调整，看起来是设计出好销产品，实际上是为将来潜在的亏损埋下了隐患。三是不要盲目地照抄或跟进市场上爆款、激进产品，不要有了今天而不顾明天。四是应该建立新产品审核制度，多部门参与新产品最后的审核，保证从源头上控制风险。

防止重疾险多种赔付责任风险

2016年以来，我国重疾险产品创新速度极快，让人眼花缭乱。例如重疾险产品包含的病种不断增加，在原来的轻症、中症赔付基础上又增加了前症，在一次赔付的基础上又演变出多次赔付，重疾分组设置，失能赔付，初次赔付后保额递增等。这些快速增加的多种赔付责任确实丰富了重疾险产品市场，为客户提供了多层次保障，但确实给寿险公司带来更大的赔付风险。

产品定价经验数据不足

重疾险这些多种赔付责任和方式都是最近几年发展起来的，还没有完整的经验数据，绝大多数公司都是依靠再保险公司提供的参考数据，产品定价本身就存在一定的风险。

存在"一炮多响"的风险

有很多重疾之间具有关联性，罹患一种重疾后很容易导致再患其他重疾。在多种赔付责任和方式下，一种重疾会引发相关联的多次赔付，这种现象被称为"一炮多响"。详见表12-1。

表12-1 多次重疾理赔疾病"一炮多响"的可能

初次重疾	关联重疾		
恶性肿瘤	癌症二次赔付	重大器官移植	深度昏迷
急性心肌梗死	心肌梗死二次赔付 冠状动脉搭桥术	重大器官移植	深度昏迷
脑卒中后遗症	脑梗死二次赔付 瘫痪	急性心肌梗死	深度昏迷
终末期肾病	重大器官移植	深度昏迷	
良性脑肿瘤	瘫痪	深度昏迷	
重症肝炎	重大器官移植	深度昏迷	
肝衰竭失代偿期	重大器官移植	深度昏迷	
心脏瓣膜手术	重大器官移植	深度昏迷	
肺动脉高压	重大器官移植	深度昏迷	
再生障碍性贫血	重大器官移植	深度昏迷	

资料来源：https://mp.weixin.qq.com/s/L4am3L7OZnKWdrFCUagKMg。

从经验数据看，重疾险中癌症二次赔付发生率最高，未来深度昏迷将呈高发趋势，一旦人工器官技术成熟，重大器官移植将对重疾险赔付产生重大影响。

医学和医疗技术不断进步

医学和医疗技术进步必将影响现在一些重疾的定义，生物传感器、基因测序、恶性肿瘤、心脑血管疾病等疾病早期筛查技术的不断成熟会发现更多的早期重疾患者，导致轻症、中症和重疾理赔率快速增加，并且导致理赔时间越来越早。另外，以靶向药和免疫疗法为代表的生物疗法将极大地提高肿瘤患者的生存率。美国现在癌症5年生存率为66%，我国癌症5年生存率平均不过33%，如果能提高到50%，就会导致癌症二次理赔率增加50%。

终身重疾风险

现在的重疾险以终身为主，加上多种赔付责任和方式，所以绝大多数保单基本上"必赔无疑"，为重疾险埋下了潜在的风险。

所以，产品设计风险是一个系统性风险，如果产品设计就存在风险，那么卖得越多只会亏损越大。保险公司应该从产品设计源头上守住风险，避免出现系统性风险。

坚持"核保从严，理赔从宽"的原则

"核保从严，理赔从宽"的含义

核保从严，是指核保人员充分利用法律赋予的权利，从严审核投保人和被保险的告知事项，尽可能地全面了解被保险人的健康状况，并根据已知信息做出风险评估和保单处置。

承保风险主要是逆选择风险。早期诊断技术、基因检测的推广、液体活检的临床应用、数字化超声技术、三维超声技术、超声造影成像技术等医学影像诊断技术，肿瘤标志物、特异性蛋白和酶检测等细胞生化技术不断发展，消费者获知自己患重疾的概率将不断提高，从而会推升逆选择风险。逆选择风险虽然是局部风险，主要影响保单最初几年的经营效益，但如果持续不断甚至大面积出现，也会产生较大的长期潜在风险。

理赔从宽，是指在核保从严的前提下理赔相对宽松，即可赔可不赔的，就赔；能协商解决的，就不诉讼，尽量不与客户发生纠纷。

理赔风险主要是保险欺诈风险。重疾险只要有"专科医生明确诊断"就能得到保险公司的定额给付，容易使一些人铤而走险，制造假诊断证明骗取保险金。重疾险相较死亡保险、意外伤害险，保险欺诈风险更大，而且逐渐呈现出人员专业化、团伙化，时间持续化，作案手段智能化、资金巨额化的趋势。

法律赋予核保从严的权利

《保险法》第十六条规定："订立保险合同，保险人就保险标的或者被保险人的有关情况提出询问的，投保人应当如实告知。"这条规定赋予保险人核保从严的权利。

保险人的询问

我国人身险合同采取询问告知模式。具体方式是通过让投保人填写保险公司设计的《被保险人健康告知书》完成告知。如果核保人员认为有需要，可以进一步要求投保人填写《补充告知书》。保险公司设计的告知书项目的多少、询问事项的深浅程度直接体现核保的严与宽。

投保人的告知

保险公司的核保依据是投保人的告知。保险合同的告知，是指在订立保险的合同时，投保人对保险人所询问事项做出的陈述和说明。投保人履行告知义务的前提是"保险人就保险标的或者被保险人的有关情况提出询问，投保人应当如实告知"。保险人没有询问的，投保人未予告知，不属于投保人违反如实告知义务。询问和告知的过程是一个双向信息沟通过程，通常是询问在前，告知在后。

投保人不履行告知的后果

《保险法》第十六条规定："投保人故意或者因重大过失未履行前款规定的如实告知义务，足以影响保险人决定是否同意承保或者提高保险费率的，保险人有权解除合同。"但《保险法》第十六条第三款又规定："前款规定的合同解除权，自保险人知道有解除事由之日起，超过三十日不行使而消灭。自合同成立之日起超过二年的，保险人不得解除合同；发生保险事故的，保险人应当承担赔偿或者给付保险金的责任。"也就是说，保险人行使合同解除权必须受到两个时间的限制：一个是保险人知道有解除事由之日起30日，另一个是自合同成立之日起2年内，超出任何一个时间的，解除权都无效。

保险公司的弃权

在保险合同订立后，保险人知道或者应当知道投保人未履行如实告知义务，却仍然承保并收取保险费的，表明保险人愿意接受此项未告知事项的风险，放弃了保险合同解除权，故其后不能以投保人未如实告知为由而解除保险合同。《保险法》第十六条第六款规定："保险人在合同订立时已经知道投保人未如实告知的情况的，保险人不得解除合同；发生保险事故的，保险人应当承担赔偿或者给付保险金的责任。"《最高人民法院关于适用

〈中华人民共和国保险法〉若干问题的解释（二）》第七条："保险人在保险合同成立后知道或者应当知道投保人未履行如实告知义务，仍然收取保险费，又依照保险法第十六条第二款的规定主张解除合同的，人民法院不予支持。"

所以，"核保从严"是保险公司享有法律上赋予的要求投保人如实告知的权利，核保不从严，属于保险公司放弃了一部分或者全部的权利，而放弃权利的后果则是不得解除合同并承担赔偿或者给付保险金的责任。

核保与理赔的关系

核保与理赔，既是两个相互独立的专业，又存在内在的联系。

核保是理赔的依据，理赔是核保的结果。

核保是法律赋予保险公司的权利，理赔是法律赋予客户的权利。

保险公司在核保时有绝对的优势行使自己的权利，客户在理赔时有绝对的优势行使自己的权利。

核保是保险公司对客户风险选择的最佳机会，理赔是客户获得保险保障的最后机会。

保险公司在核保期间发现风险隐患并及时做出必要的处置，要比留到理赔期间再处置容易，即使客户误以为核保手续麻烦，也比出现理赔纠纷、诉讼要好。

宁可核保麻烦，也不要理赔麻烦。

从保险公司风险经营的角度看，核保是第一道风控，理赔是第二道风控。

经过核保处置的问题在理赔上都不是问题。

理赔从宽体现保险的本质

保险的本质是为被保险人发生保险风险事件提供经济补偿，具体体现在保险的理赔上。理赔是客户对保险的体验，对保险的认知。客户对理赔满意，才会对公司满意，对保险满意。所以，保险公司应该营造宽松的赔偿和给付环境，让客户切身体验保险功能的同时，创建保险的口碑。

实施"核保从严，理赔从宽"策略

一是制定严格的核保政策。核保的质量不仅取决于核保人员的专业素质，更取决于公司核保政策的宽严。核保政策严，相当于风险筛查过滤的"网眼"细，通过的风险保单就少，相对承保体风险就低，留给理赔的麻烦就少。核保政策宽，"网眼"粗，通过的风险保单就多，相对承保体风险就高，留给理赔的麻烦就多。核保过程中不应放过任何一点含糊不清、模棱两可以及需要进一步询问的有关被保险人健康的事项，不为理赔留下任何疏漏。许多案例证明，寿险公司与客户的纠纷多是由核保疏漏引起的。应该杜绝为了业务规模而"有法不依"，让核保形同虚设。

二是实现核保核赔的集中管理。实现核保核赔集中管理，才能将风险集中管理，才能保证风险控制水平，才能更有效率地结合核保办理理赔。

三是加大风险筛查的力度。核保是保险公司对投保群体进行的风险筛查和评估。核保的质量决定业务的质量，决定承保体风险的高低。应该在预定筛查率的基础上加大随机抽查的力度。在数据合法采集和使用、且满足公司合规性的前提下，利用大数据及相关技术进行前端风险筛选，可以作为传统核保方式的有效补充，有助于保险公司识别不实告知、欺诈和隐瞒行为，进而降低逆选择风险和保险欺诈风险，同时增强核保和定价能力。

提升反保险欺诈的能力

保险欺诈，是指保险金诈骗类欺诈行为，主要包括故意虚构保险标的，骗取保险金；编造未曾发生的保险事故、编造虚假的事故原因或者夸大损失程度，骗取保险金；故意造成保险事故，骗取保险金等行为。

反保险欺诈将是重疾险风控的重点。一是重疾险产品定额给付，对保险欺诈者有吸引力；二是有"专科医生明确诊断"就能得到保险公司的给付，使一些人铤而走险；三是重疾险欺诈成本相对较低。

提升反保险欺诈的能力可以从以下几方面入手。

一是要建立反保险欺诈的主体责任，建立健全反保险欺诈风险管理机制，规范操作流程，妥善处置欺诈风险，履行报告义务。健全制度机制，包括深化反欺诈执法协作、建立反欺诈行业联盟、探索建立高风险名单制度等。

二是有条件的应设立反保险欺诈职能部门，并设立专职的反保险欺诈管理岗位，配备专职人员，负责欺诈风险管理措施的执行。同时加强理赔队伍建设，将理赔人员逐步培养成反保险欺诈专业人员。

三是应配备适当的资源，提供必要的经费，配备适当的人员，提供相关的培训，赋予反保险欺诈风险管理人员履行职务所必需的权限。保险机构的其他部门应在职责范围内为反保险欺诈职能部门提供支持。

四是应审慎选择中介业务合作对象或与保险业务相关的第三方外包服务商，重点关注对方的资质、财务状况、内部反欺诈制度和流程等。

五是充分利用大数据、风控模型等科技手段，提升大数据反欺诈科学性有效性，实现跨区域欺诈线索筛查、适应欺诈风险的区域差异、推进保险公司风控升级。与相关部门建立紧密的合作关系，将保险反欺诈纳入金融欺诈范畴，依靠国家反欺诈力量，提高行业整体反欺诈能力。

注重公司核保核赔专业化建设

在核保核赔上更加突出医学专业知识经验

为适应重疾险的发展，寿险公司应高度重视并积极参与对重疾的研究，以提高核保核赔人员在医学上的专业水平。面对越来越细分的重疾，寿险公司核保核赔人员没有相关的专业医学、疾病知识和经验，就守不住重疾险的风险大门。

扩充法务部门人员

随着重疾险业务的发展，相关的保险欺诈、法律诉讼也将不断增加，通过法律解决纠纷将成为趋势。寿险公司没有足够的法律专业人员，将很难应对未来的法律诉讼。

不断建立专业管理模型

寿险公司核保核赔人员，应该在精算人员的辅助下，利用自己的经验数据，结合外部的数据，建立核保核赔专业模型，使之成为核保核赔风险评估和管理的工具，逐步提高风险管理的科学化水平。

编制自己的重疾经验发生率表

有条件的大型寿险公司，可以根据自己过往的经验数据编制自己的重疾经验发生率表，以使产品定价更趋于合理，同时突出自己的专业能力。

重疾险是寿险里最复杂的产品：既是保费收入较高的产品，也是赔付率较高的产品；既是寿险公司喜欢的产品，也是社会大众喜欢的产品；既是寿险公司与客户博弈的产品，也是客户与寿险公司博弈的产品。所以，重疾险经营结果完全取决于寿险公司对该产品的风险管控。管控得好，有盈利；管控得不好，就是亏损。